KB193399

뉴노멀생사학교육총서

5

어둠에 갇힌 사람들,
자살생존자의 상실과 애도

김경희 · 김혜미 지음

박문사

뉴노멀생사학교육총서 5

어둠에 갇힌 사람들,
자살생존자의 상실과 애도

초판인쇄 2025년 02월 10일
초판발행 2025년 02월 20일

지 은 이 김경희·김혜미
발 행 인 윤석현
책임편집 김민경
발 행 처 도서출판 박문사
등록번호 제2009-11호
우편주소 서울시 도봉구 우이천로 353
대표전화 (02) 992-3253
전   송 (02) 991-1285
전자우편 bakmunsa@daum.net

ⓒ 김경희·김혜미, 2025.

ISBN 979-11-92365-86-2   (04200)   정가 10,000원

어둠에 갇힌 사람들,
자살생존자의 상실과 애도

어두운 터널에 갇힌 자살생존자들이 아직은 칠흑 같은 어둠에 숨이 막히지만, 벽을 더듬으며 조금이라도 앞으로 나아가기를 바랍니다. 저만치 한 줄기 빛이 있다는 희망을 기억하기 바랍니다. 고통 가운데 생의 의미를 발견하고 그것을 부여잡기를 바랍니다. 삶과 죽음 사이에서 투쟁하는 그들을 지지하고 함께하기 위해 이 글을 씁니다. 자살생존자들은 여전히 슬프고 아프지만 떠난 사람을 가슴에 품고 세상으로 나올 준비를 하고 있습니다.

머리말

이 책은 자살로 가까운 사람을 잃은 자살생존 자녀, 배우자, 부모의 경험과 회복에 관한 이야기를 담고 있다. 자살생존자들을 대상으로 한 심층 면담, 설문 조사, 질적 메타분석, 집단상담을 진행한 연구 결과를 토대로 하였다. 자살유가족에 관한 연구를 진행하는 과정에서 그들의 고통과 자살 위험성을 고려하여 자살유족 또는 자살유가족보다는 자살생존자라는 말이 더 적합하다는 판단이 섰다. 그리고 가족 자살로 인한 상실 경험과 애도 과정이 가족관계에 따라 다르다는 점을 염두에 두었다.

이 책의 구성은 다음과 같다. 제1장과 제2장은 자살생존자의 개념과 특성을 밝히고 있다. 제3장에서 제8장까지는 자살생존 자녀, 배우자, 부모의 상실과 치유 경험을 나눠서 기술했다. 앞장은 사별에 따른 상실 경험을 중심으로, 뒷장은 회복과 치유 경험을 중심으로 기술하였다. 특히 가족관계에 따라 자살생존자의 경험을 탐색하는 것은 가족관계에 따른 회복과 치유의 방향을 찾아가는 과정이기도 하다. 제9장은 자살생존자의 회복을 위한 전략을 밝혔으며, 제10장은 자살생존자의 애도와 치유프로그램 구성을 위한 상실 - 애도의 구조를 기술했다.

이 책은 자살생존자에 대한 이해를 돕고 그들의 회복과 지원을 위한 개입과 치유에 도움이 되기를 바라는 마음에서 집필되었다.

차례

일러두기

1. 이 책의 주요 내용은 이미 발표된 저자의 연구논문을 수정, 보완한 것이다. 각 장에 대한 자세한 연구결과는 참고문헌에 제시된 논문을 참고하기를 바란다.

2. 이 저서는 2022년 대한민국 교육부와 한국연구재단의 지원을 받아 수행된 연구임(NRF-2022S1A6A3A01094924)

제1장
자살생존자란?

자살생존자(Suicide Survivors)는 가족이나 지인, 동료 등 의미 있는 관계를 자살로 떠나 보낸 사람을 뜻한다. 생존자는 사랑하는 사람을 자살로 잃은 고통에서 살아남았다는 의미이다. 그러므로 자살생존자는 자살의 공동 피해자인 동시에 자살 고위험군이라는 뜻이다. 이들은 지속적이고 만성적인 슬픔을 경험하며 고통스럽고 복잡한 애도 과정을 거친다.

자살의 파장

지구상에 존재하는 생명체 중 오직 인간만이 스스로 자신의 종말을 결단하고 선택할 수 있다. 자살을 바라보는 사람들의 시선에는 차이가 있다. 일부 사람들은 자살을 삶에 대한 비겁함으로 보며, 종교인들은 자살을 자신의 삶을 떠맡지 못하는 나약함으로 규정하기도 한다. 반면 자신의 의지와는 상관없이 태어났기에 자살로 생을 마감하는 것은 의지의 결단이며 용기 있는 행동으로 생각하는 사람들도 있다.

이렇게 자살에 대한 관점이 다르다고 할지라도, 현실적으로 자살은 살아남은 가족과 지역사회, 더 나아가 공동체 전체에 심각한 후유증을 남긴다. Crosby와 Sacks의 연구에 의하면 가족 구성원 한 명의 자살은 7명~9명의 다른 가족 및 가까운 지인에게 부정적인 영향을 끼친다. 특히 가족관계를 중시하는 한국의 경우 가족의 자살은 확대가족을 포함하여 더 많은 가족에게 영향을 줄 수 있다. 2023년 12월 말 기준 한국의 자살 사망자 수는 13,978명으로 1일 평균 자살 사망자는 38.3명이며, 자살 사망률(인구 10만 명 당)은 25.2명이다. 이는 OECD 국가 평균 11.1명에 비해 두 배 이상 높은 수치이다. 이러한 자살자 수를 고려하면 한국은 최소한 연간 9만 명 이상이 가족이나 지인의 자살로 고통을 받는다고 할 수 있다.

자살생존자는 자살의 공공피해자

자살이 발생하면 일반적으로 사람들은 자살한 고인에게 관심을 둔다. 그러나 자살의 여파를 감당해야 하는 피해자들은 남겨진 사람들이다. 이들은 평생 자살의 그림자에 노출되어 자살이라는 짐을 지고 살아가게 된다. 이처럼 자살로 가족, 친구, 지인과 사별한 사람을 자살생존자라고 한다. 생존자는 사랑하는 사람을 자살로 잃은 고통으로부터 살아남았다는 의미로 사용된다. 그러므로 자살생존자는 자살의 공동 피해자인 동시에 전이성 자살에 노출된 자살 고위험군이라는 뜻이다.

자살자 가족을 지칭하는 용어로는 자살유가족 또는 자살유족이라는 말이 있다. 자살유가족은 스스로 목숨을 끊은 사람의 남겨진 가족뿐만 아니라 친족 집단의 일부를 뜻한다. 자살유족은 가족과 동료, 지인 등 사회적 관계에 있는 사람도 포함하는 개념으로 쓰이고 있다. 하지만 자살유가족 또는 자살유족의 지속적이며 만성적인 고통과 자살 위험성이 알려지면서 자살생존자라는 용어를 사용하는 연구자들이 늘어나고 있다. 그러므로 자살생존자는 자살을 시도한 후에 생환한 사람이 아니라, 자살로 가족, 친구, 지인과 사별한 사람을 이르는 말로 사용되고 있다. 현재 자살생존자는 자살로 사랑하는 사람을 잃은 사람들의 극심한 비통과 애도의 어려움을 함축적으로 나타내는 용어로 쓰인다. 또한 이는 살아남은 사람들도 자살의 공동 피해자인 동시에 또 다른 자살에 노출되어 있음을 의미한다.

자살생존자의 고통, 죄책감과 침묵

죽음은 살아남은 가족들에게 고통을 유발할 수 있다. 하지만 통상적인 죽음은 애도 과정을 거치면서 일상의 삶을 회복할 수 있다. 하지만 자살은 전쟁이나 폭력, 범죄와 같이 잔혹한 경험을 한 피해자들에게 나타나는 정신적 외상과 유사한 심리적 증상이 유발된다. 자살생존자들이 가장 많이 호소하는 심리적 문제는 우울, 공황장애, 대인기피증이다. 특히 가족 내에서 자살이 발생하면 남은 가족들은 고인의 자살 원인을 찾기 위해 평생 '왜'라는 질문에 대한 답을 찾아 헤맨다. 그리고 가족의 자살을 사전에 예측하거나 방지하지 못했다는 죄책감을 내면에 깊이 내재화한 자살생존자들은 타인의 시선이나 비난, 사회적 편견과 낙인에 취약한 상태가 된다. 자살의 원인이 '나'라고 생각하는 자살생존자들은 스스로 죄인의 자리에 서서 자신을 죄책감의 감옥에 가둔다. 이러한 죄책감은 객관적인 사실이라기보다는 주관적인 성격이 강하다. 이런 점에서 자살생존자의 회복과 애도 과정은 죄책감에 대한 이해와 통찰이 중요한 주제가 된다.

자살생존자들이 고통스러워하는 또 다른 주제는 침묵의 공모이다. 일반적인 사별자들은 주변 지인이나 친척 등 개인이 자각하는 사회적 지지를 통해 상실 이후 삶에 대한 가능성과 대인관계의 촉진을 경험한다. 또한 사회적 지지는 사별 슬픔의 극복과 외상후 성장을 이끄는 중요한 요인으로 밝혀졌다. 해외 연구에서도 사회적 지지는 자살생존자들에 대한 낙인을 줄여주고 긍정적인 대처전략의 구성에 영향을 미치는 것으로 보고되었다. 하지만 가족이나 지인의 자살에 관해 이야기하지 못하는 경우는 고립과 우울감이 지속되기도 한다. 특히 자살이 금지되거나 죄악시되는 사회 분위기에서는 공모된 침묵이 지속되기도 한다. 가족의 자살로 상처입은 생존자들은 자살 사건을 감추거나 사망의 원인을 사고나 질병으로 은폐하기도 한다. 이러한 침묵은 애도를 지연시키거나 애도를 불가능하게 하는 요인이 되기도 한다. 또한 공모된 침묵은 자살생존자를 심리적으로 고립시키고 가족 간의 친밀감과 가족체계에 부정적인 영향을 미친다.

전이성 자살위험에 노출된 자살생존자들

전이성 자살은 자살생존자가 자살자를 따라 자살하려는 심리 상태를 의미한다. 친밀하고 중요한 관계인 자녀, 배우자, 부모의 자살을 경험한 자살생존자 167명을 대상으로 한 연구에서 가족의 자살 후 '최근 1년 동안 실제 자살시도를 한 사람'은 10.8%로 보고되었다. 자살생존자의 자살계획은 18.0%이며, 자살생각은 34.1%로 자살생존자의 자살위험 수준은 매우 높은 상태이다. 이와 같은 자살생존자의 자살위험은 가족관계를 와해시키는 요인이 된다. 자살생존자들은 남은 가족 중에 또 다른 자살자가 나올 것 같은 불안에 휩싸이며 이로 인해 일상은 무너지고 다른 가족의 자살을 막기 위해 노력해야 한다. 또한, 가족 자살을 경험한 집단은 그렇지 않은 집단에 비해 기분장애가 증가하고 병원 진료비 청구 건수가 두 배 이상 증가했다는 연구결과가 있다.

자살생존자의 자살을 유발하는 위험요인 중 하나는 '자살현장 목격'이다. 이는 자살자를 발견하여 신고하거나 시신을 처리한 경우, 자살로 인한 충격과 공포심으로 외상후 스트레스장애를 경험하기도 한다. 가족 등 중요한 사람의 자살을 목격한 사람들은 죽음불안과 함께 자살자의 고통에 대해 자신이 책임이 있다는 죄책감을 경험한다. 가족의 자살현장을 목격한 자살생존자들은 그렇지 않은 사람에 비해 자살시도 비율이 8.5배 상승하는 것으로 조사되었다.

동료의 자살장면을 목격한 소방공무원은 동료자살이라는 충격적인 상실 경험으로 인해 삶의 지축이 흔들리는 듯한 고통과 미처 애써보지 못한 것에 대한 미안함을 느끼며 기존에 형성된 삶의 의미구조와 전혀 다른 경험을 하게 된다고 보고되었다. 이처럼 자살생존자의 자살 현장 목격 경험은 장기간의 슬픔, 외상후 스트레스장애, 죄책감, 자기 비난, 자기 혐오감 등으로 자살위험을 높이는 요인이 되기도 한다.

자살생존자는 자살을 막지 못했다는 죄책감에 시달리며 자살에 대한 표현이 억압되는 공모된 침묵을 경험한다. 이러한 구조 안에서 자살자를 따라가려는 전이성 자살 유혹에 시달린다. 자살생존자가 느끼는 이러한 죄책감과 공모된 침묵, 그리고 전이성 자살은 자살생존자가 자살의 공동 피해자인 동시에 자살 고위험군이라는 뜻이 된다.

참고문헌

곽민영. 2019. 소방공무원의 동료자살 이후 외상 후 성장 경험에 관한 질적연구. *디지털융복합연구*, 17(2):303-312.

김경희. 2023. 자살생존자 가족집단의 복합비애 비교: 자살생존자 자녀·배우자·부모의 비교. *문화와융합*, 45(10):661-671.

김경희. 2024. 자살생존자의 자살생각, 자살계획, 자살시도에 영향을 미치는 요인. *교정담론*, 18(2):1-26.

통계청. 2023. *2022 사망원인통계*.

홍경자. 2020. 철학상담적 관점에서 고찰한 자살자 유가족의 '죄책감' 문제. *철학연구*, 54:275-300.

홍현숙. 2007. *가족의 자살사망이 유가족의 정신건강에 미치는 영향*. 가톨릭대학교 대학원 박사학위논문.

Améry, J. 2010. *자유죽음*(김희상 역). 서울: 산책자. (원저 1976 출판)

Crosby, A. E. & Sacks, J. J. 2002. Exposure to suicide: Incidence and association with suicidal ideation and behavior: United States, 1994. *Suicide and Life-Threatening Behavior*, 32(3): 21-328.

Jordan, J. R. & McIntosh, J. L. 2011. Suicide bereavement: Why study survivors of suicide loss. *Grief after suicide: Understanding the Consequences and Caring for the Survivors*, 3-17.

제2장
자살생존자의 복합비애

사별은 중요한 사람을 잃은 객관적인 상황을 의미하며, 비애는 죽음에 대해 보이는 감정과 행동 그리고 인지 반응의 총체를 의미한다. 복합비애는 사별 후 경험할 수 있는 정상적이고 문화적으로 수용 가능한 애도 과정을 벗어나는 심리적·신체적 부적응을 지속적으로 초래하는 비애 반응이다. 자살생존자들은 다른 사별자들보다 복합비애를 경험하는 비율이 높으며 그 기간이 길다. 그리고 자살한 가족관계와 친밀감에 따라 복합비애 양상이 다르게 나타난다.

사별 그리고 비애

사별(bereavement)은 중요한 사람을 잃은 객관적인 상황을 의미하며, 비애(grief)는 죽음에 대해 보이는 감정과 행동 그리고 인지 반응의 총체를 의미한다. 사랑하는 사람의 상실은 삶에서 경험하는 주요 스트레스 사건 중 하나이다. 상실을 경험하는 사람들은 상실감, 비탄, 슬픔, 우울감 등 고인의 부재로 인한 다양한 심리적 어려움을 겪는다. 이는 자연스럽고 정상적인 반응으로, 사별 후 경험하는 정서적 고통과 비애 감정은 시간이 지나면서 완화되기도 한다. 대부분 사별자는 애도 과정을 거치면서 고인이 없는 삶과 변화된 정체성을 수용하며 일상을 회복한다. 이러한 과정을 통해 사별자는 죽음에 대한 인식이 확장되고, 죽음을 긍정적으로 수용하며, 삶의 의미를 재구성할 수 있다.

하지만 사별을 경험한 사람 중 일부는 강도 높은 비애 감정과 애도 반응을 경험하고 일정 시간이 지난 후에도 이러한 심리적 고통이 완화되지 않는다. 사별 후 비통함이 지연되거나 지속되어 정신적, 신체적, 정서적인 손상을 가져오는 경우, 사별 후 적응과정이 복잡하고 고통스럽게 진행되는 경우를 복합비애(Complicated Grief)라고 한다.

Prigerson에 따르면 복합비애는 일반적으로 사별 이후 6개월이 지나도 슬픔과 고통을 과도하게 지속적으로 경험하며 이로 인해 일상생활 전반에서 어려움이 유지되는 경우로 정의한다. 복합비애 개념을 한국에 처음으로 소개한 연구에서 복합비애는 사별 후 경험할 수 있는 정상적이고 문화적으로 수용 가능한 애도 과정을 벗어나는 심리적·신체적 부적응을 지속적으로 초래하는 비애 반응이라고 정의하였다.

복합비애, 지속적이며 복잡한 슬픔

복합비애를 경험하는 사람들은 과도하고 해로운 방식으로 비통을 경험하기 때문에, 지속적으로 압도당하고 비생산적인 부적응의 행위 속에 자신을 가두게 된다. 따라서 복합비애를 겪는 경우 사회적 기능의 손상, 일상적인 활동의 붕괴, 자살 위험성의 증가, 그리고 관계 기능의 손상이 발생할 수 있으며, 다른 장애의 경과에도 영향을 줄 수 있다. 예를 들어, 복합비애를 겪는 사별자가 양극성 장애인 경우, 공황장애와 자살위험 수준이 높아질 수 있다. 또한 복합비애를 경험하는 사람들은 죽음을 수용하는 것에 어려움을 느끼며 죽음에 대한 불안감이 커질 수 있다.

복합비애는 슬픔, 울음, 불면, 자살생각을 경험한다는 점에서 우울과 유사하며, 친밀한 사람과 사별했다는 외상적 특성을 가진다는 점에서 외상후 스트레스장애와 유사하다. 하지만 복합비애는 사별 후 경험하는 증상이므로 고인에 대한 강렬한 그리움과 공허감, 상실감이 우세하다는 점에서 우울과 구별된다. 또한 외상후 스트레스장애는 공포와 두려움이 중요한 증상이며 외상사건에 대한 기억을 촉발하는 자극과 상황에 대한 회피 반응이 나타난다. 반면 복합비애는 고인에 대해 지나치게 몰두하며, 사별에 대한 고통스러운 감정을 회피하고자 한다는 점에서 차이가 있다.

복합비애를 설명하는 다양한 이론 중 하나가 Stroebe와 Schut의 사별 대처에 대한 '이중과정모델'이다. 이 모델에서는 사별 대처과정을 상실중심 대처와 회복중심 대처로 설명한다. 상실중심 대처는 사별의 일차적 스트레스인 애착 대상의 상실에 대한 대처로, 슬픔에 대한 몰입, 고인에 대한 기억과 관련한 침습 증상, 회복을 위한 변화의 거부와 회피를 포함한다. 회복중심 대처는 사별에 따른 사회적 반응, 일상에서의 적응 등 사별의 이차적 스트레스에 대한 대처과정으로, 삶의 변화에 참여하고 새로운 정체성과 역할을 획득하며 사회적 관계 형성을 위해 노력하는 과정을 포함한다. 사별을 경험한 사람은 이 두 가지 대처과정을 왕복하면서 사별에 적응하는데, 이 과정에서 어려움이 생길 때 복합비애 반응을 보일 수 있다.

복합비애의 구체적인 내용은 복합비애를 측정하는 도구의 구성과 내용을 통해 살펴볼 수 있다. 복합비애를 측정하는 도구 중의 하나는 Prigerson이 개발한 복합비애척도(Inventory of Complicated Grief, ICG)이다. 이 척도는 트라우마성 고통과 분리 고통을 측정하는 문항으로 구성되었다. 트라우마성 고통은 상실에 대한 분노, 충격, 무감각, 망연자실, 상실을 상기시키는 것을 회피함, 죽음을 받아들이지 못함, 고인없는 인생의 의미를 찾지 못함, 미래에 대한 목적 상실, 인생의 공허함 등이다. 분리 고통은 고인에 대한 그리움과 갈망, 고인에 대한 기억에 몰두함, 사별 이후 외로움 등을 포함한다.

시간으로 해결될 수 없는 복합비애

앞서도 언급하였듯 자살생존자들이 경험하는 애도의 어려움과 고통을 집약적으로 설명할 수 있는 개념으로 대두된 것이 복합비애다. 복합비애는 자살생존자들이 겪는 정신적 충격과 동반되어 나타나는 부가적 증상으로 상실에서 비롯된다. 첫째는 물리적 상실로 자살한 사람과 관계된 환경이나 지역, 거주지, 물건 등을 잃는 것이며, 둘째는 관계의 상실로써 친숙하고 긴밀한 상호 대상을 잃는 것이다. 셋째는 심리적인 상실로 자살생존자들이 자신에 대해 부정적 이미지를 형성하고 자신을 낮게 평가하는 것이다. 넷째는 기능적 상실로써 신체 기능의 저하, 무기력과 같은 현상이 나타나며, 다섯째는 역할의 상실로써 정체감의 혼란이 주된 증상이다. 자살생존자들은 자신이 수행해야 하는 역할을 포기하거나 잃는 경우가 발생한다. 여섯째는 체계적 상실로써 사회적 관계에서 상호교류의 과정이 작동하지 않는 경우이다.

자살생존자의 복합비애 고위험군 비율은 사별 후 시간의 경과에 따라 차츰 감소하는 경향이 있지만, 사별 20년이 지난 후에도 자살생존자 50%가 복합비애로 고통을 받고 있다. 이는 자살생존자의 만성 슬픔은 상실의 문제가 해결되지 않으면 언제든지 재발하거나 시간이 지날수록 오히려 심화될 수 있다는 뜻이다. 결국 복합비애는 단순히 시간이 해결해 주는 것은 아니며, 애도 기간 중 개인의 회복탄력성이나 가족의 회복탄력성을 어떻게 발현시키는지, 또는 삶의 의미를 어떻게 구성하는지가 중요하다고 할 수 있다. 이런 이유로 자살생존자에 대한 사회적 지지는 비교적 장기간의 추적서비스 제공이 필요하며, 생애 과정에 따라 다양한 접근 방법이 모색되어야 할 것이다.

사별 가족관계에 따른 복합비애 양상

자살한 가족관계에 따라 자살생존자를 자살생존 자녀, 자살생존 배우자, 자살생존 부모로 나누고 복합비애 양상을 비교해 보았다.

첫째, 자살로 자녀를 잃은 부모들은 자살생존 자녀와 배우자들보다 복합비애 수준과 기간이 긴 것으로 조사되었다. 참척(慘慽)의 고통이라는 표현처럼 부모들은 평생 자살로 삶을 마감한 자녀의 기억을 간직한 채 살아갈 수밖에 없다. 자녀와 사별한 지 10년이 지난 후에도 자살생존 부모 75%가 복합비애 고위험군으로 나타났으며, 다른 가족들보다 전이성 자살 수준도 높았다. 자살생존 부모는 자신이 자녀를 지켜내지 못했다는 죄책감은 물론 자녀의 자살을 양육의 실패로 생각함으로써 극심한 절망감과 슬픔, 위축, 사회적 관계의 단절 등을 경험한다. 또한 남은 자녀들도 형제를 따라 자살할지도 모른다는 두려움에 휩싸여 자녀를 과잉보호하는 한편, 남겨진 자녀에게 자살한 자녀의 역할을 강요함으로써 가족 갈등이 유발되기도 한다.

둘째, 자살로 부모를 잃은 자살생존 자녀들의 복합비애 수준은 시간이 경과에 따라 감소하는 경향이 뚜렷하며, 사별 10년이 지나면 복합비애 고위험군이 52.2%로 감소한다. 따라서 자살생존 자녀들에게 사별 후 10년이 중요한 시간이라고 할 수 있다. 부모의 자살은 자녀의 자살관념이나 자살시도의 중요한 위험요인으로 거론되고 있다. 청소년의 경우 모방 심리가 강하고 롤모델로 삼았던 부모가 자살로 사망하면 부모를 따라 자살하려는 생각이 강화되고 이는 실제적인 자살시도로 이어진다. 이와 함께 부모가 없는 상태에서 자살자 자녀에게 가해지는 사회적 편견과 낙인을 감당해야 하며 때로는 죽은 부모를 대신하여 가장의 역할 또는 어머니의 역할을 담당해야만 하기에 더 큰 심리적 어려움을 경험하게 된다.

마지막으로 자살로 배우자를 잃은 자살생존 배우자의 복합비애 수준은 독특한 양상을 보인다. 배우자와 사별한 이후 복합비애 고위험군 비율은 55%~60% 수준으로 10년 동안 유지하다가 그 이후에는 오히려 76.9%로 상승한다. 이는 가족 체계 안에서 배우자가 맡았던 역할이나 생애 과업과 관련이 있어 보인다. 중년기에 배우자와 사별하여 노년에 이른 경우에는 노년기의 삶에 대한 불안이 커지며, 청년기에 배우자와 사별한 경우는 10년이 지나면 중년기의 위기에 직면할 수 있다. 부부는 흔히 생애 반려자 또는 동반자로 표현된다. 따라서 배우자 사별은 자신의 반쪽이 사라졌다고 할 수 있기에 큰 고통을 경험하게 되는데, 특히 배우자 사별은 부부가 수행했던 삶의 과업을 혼자 감당해야 하는 부담을 안게 된다.

참고문헌

김경희. 2023. 자살생존자 가족의 복합비애 위험요인. *한국융합과학회지*, 12(11):163-178.

김경희, 유지영. 2019. 배우자 사별여부와 복잡성비애 수준이 노인의 죽음불안에 미치는 영향. *한국노년학*, 39(1):21-35.

장현아. 2009. 복합 비애(Complicated Grife)의 개념과 진단. *한국심리학회지*, 28(2):303-317.

차성이, 박신영, 현명호. 2022. 복합 비애(Complicated Grief)에 대한 국내 연구동향(2010~2020): 체계적 문헌 고찰. *한국심리학회지 일반*, 41(4):319-347.

한혜성 외. 2016. 종설 복잡성 애도의 이해. *인지행동치료*, 16(3):384-401.

Eisma, M. C., Stroebe, M. S. 2021. Emotion regulatory strategies in complicated grief: A systematic review. *Behavior Therapy*, 52(1):234-249.

Prigerson, H. G., Maciejewski, P. K., Reynolds III, C. F., Bierhals, A. J., Newsom, J. T.,Fasiczka, A., Frank, E., Doman, J., Miller, M. 1995. Inventory of complicated grief: a scale to measure maladaptive symptoms of loss. *Psychiatry Research*, 59(1-2):65-79.

Shneidman, E. S. 2001. *Comprehending suicide: Landmarks in 20th century suicidology.* Washington, DC: American Psychological Association.

Stroebe, M., Schut, H. 1999. The dual processmodel of coping with bereavement: Rationale and description. *Death Studies*, 23(3):197-224.

제3장
부모의 자취를 찾는 자녀들

자살로 부모를 잃은 자녀들은 고립과 버려짐을 경험하고 어린 나이에 가장의 역할을 책임져야 하는 과업을 부여받기도 한다. 이를 '이중 타격'이라고 하는데 이중 타격의 주요 요인은 낙인이다. 사회적 고립과 은둔의 고통 속에서 자살의 그림자와 싸우며 홀로 버티는 자살생존 자녀들은 부모 없는 낯선 세상에서 자기 스스로 성장해야 하는 존재라고 할 수 있다.

자녀들이 경험하는 이중 타격

인간에게 죽음은 필연적 사건이다. 인간은 누구나 죽음을 경험하고 가족이나 지인과의 사별도 피할 수 없는 일이다. 사별 후 사람들은 애도를 경험하는데 이는 산 자와 죽은 자의 분리를 위한 일종의 통과의례(passage ritual)라고 할 수 있다. 하지만 모든 죽음이 정상적인 애도를 거쳐 분리로 이어지지는 않는다.

자살은 인간이 경험할 수 있는 가장 비극적인 사건 중 하나다. 자살생존자들에게는 의례적이고 형식적인 짧은 애도만 있을 뿐 부정적 평가와 낙인이 수반되는 경우가 많다. 특히 자살로 부모를 잃은 자녀들은 고립과 버려짐을 경험하고 어린 나이에 가장의 역할을 책임지기도 한다. 이를 '이중 타격(Double Whammy)'이라고 한다. 이러한 이중 타격의 주요 요인은 낙인으로 밝혀졌다. 부모의 자살에 내포된 자기-자유의지(self-volition)는 자살생존 자녀들이 고인이 된 부모와 자기 자신, 그리고 타인에 대한 감정 및 의미 구성을 어렵게 만든다. 어린 시절 자살로 부모를 잃은 트라우마에 노출된 어린이는 정상적인 발달 과업에서 벗어날 가능성이 높거나 성인이 된 이후에 행동 장애 위험이 증가하는 것으로 나타났다. 그러므로 어린 시절 경험한 부모의 자살은 잠재적 트라우마로 다뤄져야 한다.

연약한 서까래의 대들보 역할

부모를 잃은 자녀들은 전이성 자살불안과 생존 가족을 염려하는 과정에서 점차 원치 않은 어른으로 성장하게 된다. 어느 순간 남은 가족이 또 자살할 수 있다는 불안은 자살생존 자녀들의 삶 자체를 우울한 회색빛으로 채색한다. 자녀들은 자살이라는 그림자로 인해 청춘의 화려함과 푸른빛이 사라지는 것을 경험하게 된다. 아버지를 잃은 자녀들은 자신의 슬픔보다는 배우자를 잃은 어머니의 슬픔을 걱정하며 남겨진 가족들에 대한 염려를 지니고 살아간다. 이런 과정에서 자살생존 자녀들은 '어른아이'가 되어간다. 그들도 성장 과정에 맞는 돌봄을 받고 싶지만, 특히 장남과 장녀는 집안을 떠맡게 된다. 어린 나이에 부모의 빈자리를 메워야 하는 것이 부담이며 동시에, 자신의 꿈을 이어가야 한다. 보호를 받아야 할 자녀가 가족을 보호해야 하는 모순이 일어나게 되는 것이다.

부모의 부재를 경험한 자녀들은 주변의 시선과 타인의 평가에 민감하다. 따라서 자신의 감정을 적절하게 표현하지 못하고 가족이나 주변인들이 원하는 방식으로 행동하는 경향이 있다. 이런 행위 정향은 자신의 감정을 속이는 결과가 되고, 결국 원치 않은 어른으로 성장하게 된다. 또한 자녀들은 고립과 슬픔, 절망감을 느끼지만, 동시에 부모 대신 가족을 이끌어야 한다는 책임감을 느낀다. 이러한 책임감은 생존 자녀들의 행복을 유보하게 한다. 타인의 눈에는 이런 현상이 어른스러움이나 성숙함으로 비칠 수 있지만, 당사자에게는 자신의 한계를 뛰어넘는 책임으로 의미가 구성될 수 있다.

사회적 고립과 은둔의 고통

흔히 부모의 죽음은 태산이 무너지는 것으로 표현된다. 인격적으로, 경제적으로 독립하지 못한 미성년자들은 부모와 자신의 세계를 동일시한다. 하지만 부모의 죽음으로 세계는 사라졌고 학교생활이나 또래관계 등 일상생활은 무너진다. 따라서 부모가 사라진다는 것은 자신들의 청춘까지 사라지는 것이며, 많은 자녀가 장례식장에서 애도보다는 세상을 잃어버린 듯한 느낌을 받는다.

미성년 자녀에게 보호자 없이 살아간다는 것은 홀로 버려진 느낌으로 다가온다. 자녀들은 세상을 잔인한 곳으로 의미를 구성하며 이러한 세상에 혼자 버려지고 때로는 발가벗겨 내동댕이쳐진 느낌을 받는다. 부모의 자살은 회오리바람이라고 할 수 있다. 그래서 자녀들은 바람이 할퀴고 간 빈 들에 홀로 설 수밖에 없으며, 부모 없는 낯선 세상에 던져져 자기 스스로 성장하는 아이가 되어야 했다.

자살생존 자녀들은 세상이 사라졌고 또한 홀로 던져졌기에 자기를 보호할 수 있는 은신처를 찾는다. 이를 위해 세상과 담을 쌓고 단절되어 살아가며, 자신만의 세계에 깊이 빠져들고 고립된다. 그리고 고립 속에서 모든 고통은 혼자 감당해야 한다. 흔히 청소년기는 비밀을 공유하면서 친밀감을 강화한다고 하지만 자살생존 자녀들의 비밀은 친구들과 공유하기 어렵다. 따라서 또래 관계가 멀어지고 자신의 비밀스러운 이야기를 알고 있는 사람과는 접촉을 피한다. 자신감은 자연스럽게 저하되고 사회적 관계가 위축되었으며 더 깊은 구덩이를 파고 자신을 숨기고자 한다.

자살생존 자녀들은 시간이 지나면서 자신의 슬픔이 사회적으로 위로받지 못한다는 것을 알게 된다. 그래서 태연함으로 가장하여, 자살자 자녀라는 낙인을 극복하기 위해서 공부에 매진하기도 한다. 이러한 것은 몸부림이라고 할 수 있으며, 또한 눈물을 흘리지 않기 위해 자신의 몸과 마음의 에너지를 소진하는 것이다.

이와 같은 세계의 사라짐, 세상에 홀로 던져짐, 자신만의 세계에 고립, 가면 속의 몸부림은 사회적 고립과 은둔의 고통이라는 주제로 요약된다.

눈물의 강

자살생존 자녀의 복합비애는 눈물과 함께 하는 과정이다. 이와 같은 복합비애는 시간이 지나도 완화되지 않고 사무치는 그리움과 함께 깊은 슬픔으로 다가온다. 제사는 고인과의 연결의례로써 시간이 지나면 애통함보다는 생전의 추억에 침잠하고 때로는 가족의 축제로도 발전하기도 한다. 하지만 자살생존 자녀에게 제사는 젊은 시절의 부모를 보면서 회한에 잠길 수밖에 없는 시간이다.

부모자살로 인해 자녀들은 유품을 간직하고 보관하면서 기억을 안고 가는 사례도 있지만 많은 경우에서는 졸업, 결혼, 입사, 출산과 같은 생애 중요한 사건마다 부모의 부재가 떠오른다. 심지어는 부모를 닮은 어른을 보면 부모의 생전 모습이 떠오르기도 한다. 특히 자신에게 의미가 있는 날이 다가오면 그 의미에 집중하기보다는 부모에 대한 그리움이 솟구치는 현상도 나타난다. 그리움은 시간이 흐르면서 또 다른 그리움으로 증폭된다. 이러한 그리움의 증폭은 응답 없는 부모를 향한 간절한 외침에 기인하고 부모는 곁에 없지만, 부모의 그림자는 지속해서 번져간다. 특히 자살생존 자녀들에게 부모를 잃은 외로움은 수시로 몰아닥친다. 그리움이 커가면서 자녀들은 부모에 대한 분노의 이면에 그리움이 숨어 있음을 알게 되고 그리움은 세월이 흘러도 끈질기게 살아남아 있음을 알게 된다. 결국 자녀들은 그 그리움을 지니고 살아가게 된다.

이와 같은 지속되는 슬픔, 생전 부모 기억의 반추, 증폭되는 그리움이라는 주제들은 자살생존 자녀들이 경험하는 눈물의 강이라고 이야기할 수 있다.

상처 입은 영혼의 자살 그림자

자살은 유전이 아니지만, 자녀들은 부모의 자살유전자를 물려받을 수 있다는 불안을 지니고 있고 이러한 자살유전자는 자신의 세대에서 끝나지 않고 자식 세대에도 유전될 수 있다는 불안감을 가지게 된다. 이와 같은 자살운명 불안은 결혼에 대한 망설임, 자녀 출산의 회피와 같은 현상으로도 나타난다.

자살연구자들은 가족이나 지인이 자살하면 다른 가족이 그 뒤를 이어 자살하는 현상이 일어난다고 보고했다. 이는 자살자와 자신을 동일시하는 베르테르효과와는 다르다. 전이성 자살은 극심한 충격과 공포에서 빠져나오기 위한 자구수단이라고 할 수 있다. 일부 생존 자녀들은 부모를 따라 죽고 싶은 충동을 느낀다. 남겨진 자녀 중에는 자살 관념이 강하고 자살을 시도하는 사례도 있으며, 이는 삶과 죽음의 경계 속에서 살아가는 삶이라고 할 수 있다. 이는 생존 자녀들의 부모자살에 대한 분노와 원망의 반동적 정서라고 할 수 있다.

자살은 동서고금을 막론하고 부정적인 행동이므로 자살자는 물론 가족들도 사회적으로 이해받기에 힘든 구조에 있다. 주변인들의 몰이해, 비난, 낙인은 상처로 남고 특히 자신들을 바라보는 사회적 시선에 의해 더 큰 상처를 받는다. 이러한 상처는 심리·정서상의 손상을 넘어 영혼에까지 파고드는 고통이라고 할 수 있다.

이러한 자살운명 불안, 지속적인 자살 충동, 영혼의 상처는 자살생존 자녀들이 상처 입은 존재로서 언제나 자살위험과 같이 살아가는 것으로 해석된다.

홀로 버티기

자살생존 자녀들에게는 진심 어린 위로가 필요하지만, 자살은 주변 사람들을 멀어지게 한다. 따라서 자녀들은 커다란 슬픔을 자신이 혼자 감당해야 하는 경우가 많다. 때로는 친척들이나 주변인들의 위로가 오히려 불편하기도 했다. 이러한 불편함은 주변인의 위로가 형식적이고 의례적이었기 때문이며, 한편으로는 슬픔을 온전히 자신이 감당하면서 자신을 위로해야겠다는 각성 때문이기도 하다.

부모의 죽음으로 태산이 무너졌기에 의지할 곳을 잃었지만, 한편으로는 세상 자체가 의미가 없어지기도 했다. 일부 연구에서는 부모와 사별한 후 자녀들은 일탈 행위나 이기적인 행동을 하는 현상이 나타난다고 보고되어 있다. 이는 자녀들이 스스로 성장을 멈춘 상태로 자기 의미를 구성했기 때문이다. 어린 자신을 두고 떠난 부모에 대한 원망은 어른에게 저항하고 대드는 현상으로도 나타난다. 일부 연구에서는 상처가 서서히 아물어가는 현상이 나타나지만, 부모의 빈자리는 여전히 남아있었다. 부모의 부재는 가슴 속 깊은 멍으로 새겨진다.

위로의 부재, 불신과 저항, 내 삶의 멍은 자살생존 자녀들이 냉혹한 현실에서 별다른 지지도 없이 홀로 버티는 현상이라고 할 수 있다.

참고문헌

김경희. 2021. 청소년기에 아버지의 자살 사고로 상실을 경험한 중년남성의 삶에 대한 내러티브 탐구. *상담심리교육복지*, 8(4):45-60.

김경희, 이근무, 유지영. 2023. 자살생존자 자녀의 복합비애에 관한 질적 메타분석. *질적탐구*, 9(2):95-130.

박혜영. 2019. *자살로 부모를 상실한 기독교인 유가족의 성장 경험*. 연세대학교 대학원 박사학위논문.

Schreiber, J. K., Sands, D. C., & Jordan, J. R. 2017. The perceived experience of children bereaved by parental suicide. *OMEGA-Journal of death and dying*, 75(2):184-206.

제4장
자살생존 자녀의 치유

시간이 지나면서 자녀들을 스스로 치유의 여정을 떠나고 죽은 부모와의 화해를 통해 남은 가족 간의 결속을 강화하면서 동시에 자기를 격려하며 잠재된 회복탄력성을 발현한다. 자기에게 정직해짐으로써 피폐한 정서를 회복하며 세상의 평가와 비난에 맞선다. 이러한 과정을 거쳐 그들은 자신의 삶을 복원하며 성숙의 길로 들어선다. 성숙은 자살자 자녀라는 원치 않은 이름표를 떼어내고 붕괴된 자기 세계를 개건(改建)하는 것이다.

화해의 선물

자녀들은 자기를 치유해야 했으며 그 첫 번째 작업으로 가족을 재구성했다. 자살생존 자녀들은 자신은 부모로부터 버림받은 존재라는 인식에서 남겨진 가족으로 의미를 재구성했고, 남겨진 가족이라는 의미재구성은 부모의 몫까지 대신 살아야 한다는 당위성으로 이어졌다.

자살생존 자녀들은 가족 갈등의 원인에 대하여 고민하며 이를 해결하고자 노력한다. 흔히 부모와 자녀는 존재의 끈으로 연결된다는 말이 있듯이 본 연구자와 함께 치유 작업에 들어가자 생존 자녀들은 고통과 슬픔이 아니라 더욱 평온한 마음으로 부모의 생전 모습을 떠올리며 가족관계를 재구성했다. 떠난 부모는 다시 가족의 자리로 되돌아오게 되었다.

가족은 위기 상황에서는 타인보다 못한 경우가 있지만 때로는 가족 회복력이 발현되기도 한다. 가족 회복력은 고통의 과정에서 발현되며 이는 특별한 사람들이 아닌 보통 사람들이 지닌 마법과 같은 힘이라고 할 수 있다. 부모가 떠난 뒤에는 그 빈자리에서 슬퍼했고 자녀들은 가족만이 공감하고 위로할 수 있다는 점을 깨달았다. 한 연구에서는 아버지의 자살 원인이 된 형과 화해하는 현상이 발견되기도 했다.

자살생존 자녀들은 부모의 자살을 비윤리적이고 올바르지

못한 행동이라고 인지하면서도 부모의 선택을 받아들였다. 이는 자살에 대한 정당성의 부여가 아니라 고통스럽고 힘든 상황에 있었던 부모에 대한 공감적 이해였다. 많은 연구에서 자녀들은 자살을 선택한 부모를 이해하려고 했으며, 동시에 자살할 수밖에 없었던 부모의 힘듦과 어려움을 이해하기 시작했다. 특히 자살은 자발적 선택이 아니라 어쩔 수 없는 선택이었으며 불가항력적이라는 인식을 하기도 했다. 우리는 일부 자살 사건에 대해 사회적 타살이라는 표현을 쓰기도 하는데, 이는 자살을 극도의 내몰림 속에서 어쩔 수 없는 행위라는 뜻이다. 이처럼 부모의 선택을 받아들이자 자녀들은 사회적 낙인에 대한 나름의 방어 논리를 구축할 수 있었다. 그 방어 논리는 자살한 부모는 부끄러운 사람이 아니라 힘든 사람이었다는 것이다.

죽은 자와 산 자의 연결은 곧 화해를 의미한다. 일부 연구에서는 시간이 흐르면서 자연스럽게 부모에 대한 원망이 줄어들고 편해졌다는 주제가 도출되었지만, 부모와 화해는 시간의 선물이 아니라 부모와의 관계를 재구성하고 그들의 힘든 삶을 이해하는 과정에서 생성된 것이다. 사별 초기에는 자살한 부모에 대해 말하는 것조차 금기시되었지만 화해단계로 들어가자 부모를 주제로 대화하고 애도하는 시간을 가짐으로써 슬픔을 극복해 나갔다.

떠난 부모에 대한 미움과 원망을 내려놓고 부모의 선택을 받아들이고 화해하자 자녀들은 부모의 유업을 계승하겠다는 의지가 발현되었고 이를 실천할 수 있었다. 미움과 원망이 사라지자 아버지의 부재는 상실이 아니라 삶의 유산으로 다가왔고, 일부 연구에서는 자신의 삶을 아버지의 유산으로 살아가는 것으로 의미를 재구성했다. 이러한 유산은 물질적 유산이 아니라 정신적 유산이라고 할 수 있다. 부모를 잃은 자녀들은 부모의 비극적 죽음을 극복하자 황폐한 황무지를 초목이 있는 대지로 바꾸고자 했다.

가족 갈등의 봉합, 가족 회복력의 발현, 부모의 선택을 받아들임, 부모와 화해, 부모의 유업 계승은 자녀들이 죽은 부모와 화해함으로써 얻게 된 선물이라고 할 수 있다.

자기에게 정직해지기

자살생존 자녀들은 치유과정에서 그동안 묻어놓았던 자신의 감정을 꺼내서 이야기했고 특히 억지로 강한 척하고 의연한 척했던 가면을 벗음으로써 복잡한 문제들을 풀어나가고자 했다. 일부 연구에서는 문학치료를 동반한 치유모임에 참여한 자녀들의 구체적 경험이 나타났고 다른 사람에게 부모의 자살을 이야기했으며 위로를 받기도 했다.

자살생존 자녀들은 사별 초기 상실감을 억누르거나 회피했지만, 시간이 지나면서 자기감정을 인정하고 자기에게 솔직해짐으로써 또 다른 치유의 문을 열 수 있었다. 자살한 부모를 원망하고 비난하며 동시에 사랑할 수 있다는 감정을 표현하기도 했다. 이는 자기감정에 정직해지기 위한 노력을 통해 자신의 내면에서 일어나는 소용돌이를 직면하고 수용하게 되었다는 뜻이다.

많은 연구에서 자살생존 자녀들은 자신을 행복해서는 안될 존재라고 여겼다. 따라서 위로를 거부했고 도움받을 수 있는 사람을 찾지 않았다. 하지만 치유단계에서는 자신이 고통받고 있는 연약한 존재라고 인정하며 도움받을 곳을 탐색해 나갔다.

비밀의 개방, 자기감정의 존중, 직면과 지지의 탐색이라는 주제는 자살생존 자녀들이 도전을 통해 자기에게 정직해지는 과정이라고 볼 수 있다.

상처 입은 치유자

고통이 개인 속에서 끝나고 멈춘다면 그 고통은 의미가 없을 것이다. 이에 자녀들은 고통의 의미를 찾으려고 애썼다. 일부 연구에서는 자살 예방과 관련된 직업을 갖고 자살 예방이나 자살생존자를 도우면서 고통을 승화했다. 아픈 사람이 타인의 고통에 공감할 수 있다는 말처럼 자살생존 자녀들은 인간이 경험할 수 있는 극심의 고통을 경험했다. 따라서 이런 고통을 경험했고 극복했기에 다른 사람들의 고통을 공감하고 이해할 수 있는 능력도 생성되었다.

자살생존 자녀들은 사별 초기에는 가면을 쓰고 몸부림을 치고 의연한 태도를 견지했지만, 이러한 태도로는 자신이 정체될 수밖에 없다는 점을 깨달았다. 여전히 슬픔은 남아있지만, 그 슬픔을 이길 힘도 생겼으며 슬픔 속에서도 미뤄둔 꿈을 이어갔다.

상처에서 회복은 상처의 사라짐이 아니라 상처를 딛고 살아가는 것으로 해석할 수 있다. 부모의 자살은 애통함과 비통함이었지만 여기에 머물지 않고 자신의 과제로 받아들였으며 자신이 감당할 수 있는 슬픔을 지니고 이겨 나갔다.

고통의 공감력, 고난 속에서의 성장은 자살생존 자녀들이 고통을 극복한 후에는 상처 입은 치유자로 성장하는 현상이라고 볼 수 있다.

외상후 성장은 고통을 이긴 사람의 것

자살생존 자녀의 개입에서는 비통함과 고통에 집중하기보다는 성장과 치유의 관점으로 접근해야 할 것이다. 복합비애의 극복과 외상후 성장은 시간의 선물이 아니라 고통을 이긴 사람이 만들어 가는 것이다. 특히 자살생존자 관련 연구에 의하면 생존 자녀들에 대한 사회복지사, 상담심리사, 종교인의 지지는 미약한 것으로 나타났다. 이것은 치유에서 중요한 요소가 당사자들의 실존작업이라는 것이다. 그리고 이러한 과업에는 자살한 부모와의 화해가 중요한 주제로 부각된다.

따라서 자살생존 자녀를 위한 접근에서는 자살한 부모와 자녀들이 화해를 촉진할 수 있는 프로그램이 필요하다. 이러한 프로그램은 초기 개입이 아닌 어느 정도 시간이 흐른 다음에 접근해야 할 것이다. 구체적으로는 떠난 부모와 서신 교환하기, 자서전 쓰기, 추억 노트 만들기, 또는 종교적 성향을 떠난 부모의 영혼을 위한 기도와 같은 프로그램을 구성할 필요가 있을 것이다.

참고문헌

김경희. 2021. 청소년기에 아버지의 자살사고로 상실을 경험한 청년의 삶에 관한 내러티브 탐구. *청소년학연구*, 29(1):95-120.

김경희, 이근무, 유지영. 2023. 자살생존자 자녀의 복합비애에 관한 질적 메타분석. *질적탐구*, 9(2):95-130.

김경희. 2021. *청소년기에 경험한 아버지의 죽음이 성장과정과 성인기 삶에 미치는 영향: van-Manen의 체험연구방법론을 중심으로*. 한림대 박사학위논문.

제5장
생의 동반자를 잃은 사람들

부부는 흔히 생애 반려(伴侶) 또는 동반자라고 표현한다. 따라서 삶이라는 긴 여정에서 배우자의 죽음은 삶의 반려가 사라진 것이며, 한편으로 자기의 반이 없어진 것이다. 자살생존 배우자들은 통상의 죽음과는 다른 비극적인 죽음 앞에서 그간 쌓아왔던 자신의 삶이 사라지고 가족의 분열을 경험한다.

생애 반려의 상실

부부는 흔히 생애 반려 또는 동반자로 표현된다. 따라서 삶이라는 긴 여정에서 배우자의 죽음은 삶의 반려가 사라진 것이며, 한편으로는 자기의 반이 사라진 것이라고 할 수 있다. 하지만 부부는 헤어지면 남남이라는 표현도 있듯이 때로는 배우자 사별에 홀가분함을 느끼는 사례도 있다. 이러한 경우는 대부분 배우자가 도박이나 음주, 사업 실패와 같은 문제로 가족들에게 고통을 주었기 때문이다.

하지만 배우자 사별의 공통점은 부부가 공동으로 수행했던 삶의 과업을 남은 배우자가 혼자 감당해야 한다는 점이다. 여성 배우자들은 대부분 경제적 문제와 사회적 비난으로 인해 어려움을 겪는다. 반면 남성 배우자들은 아내가 전담해왔던 가사, 자녀 양육과 교육 등을 담당해야 하며 절제되지 못한 생활로 또 다른 문제를 일으키기도 한다.

자살생존 배우자의 경우 성별이나 사별 당시 나이가 복합비애 수준과 기간에 영향을 미칠 수 있다. 여성들이 남성보다애도 기간이 더 길고 복합비애 증상이 지속적이라는 연구가 있다. 젊은 시기에는 재혼이나 새로운 삶의 과업 등을 찾고 적응할 기회가 있지만, 노년기에 배우자와 사별한 경우에는 고통이 오랫동안 지속되어 일상회복에 더 긴 시간이 필요하다.

남편을 자살로 잃은 Fine(2011)은 남편의 자살을 '혼란스러운 죽음'이라고 표현했다. 이는 가족이나 지인들에게 작별의 인사는 물론 사랑했다는 말조차 남기지 않고 떠났기 때문이다. 그에 따라 자살생존자들은 '왜'라는 질문으로 평생을 살아가기도 한다. Cobain과 Larch(2010)는 배우자의 자살 애도과정을 6단계로 구분하고 있다. 1단계는 충격과 부인의 단계로 배우자가 스스로 가족의 곁을 떠났다는 것을 믿지 못하는 것이다. 2단계는 불안과 공황의 단계로, 자신과 삶에 대한 통제감을 상실하고 동시에 무력감을 느낀다. 3단계는 분노와 비난의 단계로, 초기에는 배우자의 자살로 인한 죄책감으로 자신을 비난하다가 배우자의 자살 원인을 자살자 또는 사회로 돌리기도 한다. 4단계는 저항과 회피의 단계로써 이 시기에는 일상이 붕괴되고 술이나 약물, 도박과 같은 건강하지 못한 행동에 탐닉하게 된다. 5단계는 부동과 철회의 단계로, 고통이 심화하고 집중력이 저하되며 자신에게 보여준 책임은 물론 일상생활에서도 정상 기능을 수행하지 못한다. 마지막 6단계는 새로운 변화와 전환의 단계로, 자살에 대한 새로운 의미를 구성하고 삶은 지속된다는 신념 아래 자신은 물론 타인과의 관계를 개선하는 것이다.

어두운 터널을 혼자 걸어가기

배우자의 자살은 여성과 남성의 경험이 다르다. 남성들은 자신의 인생 잔치가 끝나고 삶은 정지되었다고 느끼지만, 여성들은 희망의 상실과 함께 자신의 삶이 사라졌다고 생각한다. 정지된 나의 삶이라는 주제에서 여성들은 남편과 함께한 삶의 허무함과 동시에 생애 모든 노력이 수포가 돌아갔다는 생각을 하기도 한다. 따라서 여성들에게 배우자의 자살은 하늘이 무너지는 충격이었고, 남성들에게는 날벼락 같은 소식인 동시에 가슴이 내려앉고 온몸에 소름이 돋는 경험이었다. 청천벽력의 충격은 삶을 악몽으로 만들었다. 따라서 배우자의 자살 이후의 삶은 어두운 터널을 걷는 느낌이었으며 우울함이 악몽처럼 되돌아왔다고 할 수 있다. 자신들의 삶이 끝나고 희망이 사라졌다고 생각했기에 지금까지 쌓아온 모든 것이 무의미했다.

배우자 자살은 생의 동반자가 사라졌기에 신체의 고통뿐만 아니라 영적인 고통을 느낄 수밖에 없다. 한 남성은 가족생활을 양 바퀴로 굴러가는 수레로 표현했는데, 수레의 한쪽 바퀴가 튕겨 나갔기에 홀로 굴러가는 외발 수레의 삶이라고 구술했다. 정지된 나의 삶, 청천벽력의 충격, 슬프고 무의미한 일상의 연속, 삶의 기반 파괴하기 등의 주제는 배우자의 자살로 인해 자신의 삶도 사라졌기 때문에 나타난다.

자녀들의 슬픔으로 인한 자기 슬픔 소외

배우자의 자살은 가족 구성원의 공백이 생긴 중대 사건이며, 돌봄을 제대로 받지 못한 자녀들은 학업 태도가 달라졌고 일탈 행동을 하기도 했다. 자살은 배우자뿐만 아니라 자녀들도 위축감과 사회적 평판에 대한 두려움으로 고립되어 갔으며, 자녀들 역시 무한궤도에 갇힌 것처럼 반복되는 슬픔을 경험했다.

또한 가족의 자살은 남은 배우자뿐만 아니라 자녀에게도 큰 충격을 주기 때문에, 배우자들은 자살 사실을 숨기기도 했다. 이런 맥락에서 서둘러 장례를 마쳤고 남성들은 아내의 죽음을 애도할 시간도 없이 자녀들에게 상실의 충격이 전달되는 것을 걱정했다. 하지만 자녀들의 문제 행동은 다양하게 나타났다.

자녀들의 돌발 행동, 고립되는 자녀들, 자녀들이 경험하는 충격에 대한 염려라는 주제는 배우자가 자살하자 자녀들의 문제가 다양하게 분출되었음을 의미한다.

세상 평판에 대한 두려움

자살생존 배우자들이 죽음의 유혹을 통해 현실로부터 도피하고자 했던 것은 자살자와 가족에 대한 세상 평판 때문이다. 따라서 이러한 세상 평판에 휘둘리지 않기 위해서 의연함으로 가장하기도 했지만, 이러한 의연함의 가장은 남성들에게만 나타났다. 남성들은 어떠한 위험 속에서도 흔들리지 않고, 눈물을 흘려서는 안 된다는 인식이 지배하고 있었고, 타인들 앞에서는 힘든 내색을 하지 않고 참아넘겼다. 또한 거짓으로 당당해졌으며, 타인들로부터 연민이 대상이 되는 것을 회피했다. 따라서 평상심을 지키려는 듯 보였지만 그것은 가장된 것이다.

배우자의 자살은 충격, 슬픔과 함께 낙인에 대한 공포를 유발한다. 특히 여성들은 자살에 대해 소문이 나는 것을 두려워했고, 사인조사를 위해 경찰이 오고 조사가 시작되자 혼란스러움을 경험했다. 여성들은 주변의 시선으로 인해 불편했으며, 미망인(未亡人)이라는 사회적 기호 속에서 고통을 느꼈다. 남성들은 자살이기에 조문객들이 오지 않을 것을 걱정하는 사례도 있었다. 또한 남성들은 현재보다는 자녀, 그리고 미래의 문제를 걱정했으며, 배우자의 자살이 자녀들의 혼인이나 사회적 관계에 걸림돌이 될 것을 우려했다. 여성들의 경우 남편의 죽음 원인에 대해 다양한 추측을 하는 사람들로부터 상처를 받았다.

이에 비해 남성들은 고인에 대한 애도보다는 아내의 자살을 가문의 수치라 여겼으며 사람들의 평가에 신경을 썼다. 특히 기독교인 여성들은 자살한 영혼은 천국에 들어가지 못한다는 것에 대해 분노를 느꼈으며 자살한 남편이 지옥에 갔다고 생각을 했는데, 이는 고통스러운 경험이었다.

이러한 의연함의 가면 쓰기, 사회적 낙인 공포, 구원받지 못한 영혼이라는 주제는 자살생존 배우자들이 지역사회나 종교단체에서 사회적 평판에 대한 두려움을 느낀 것이라고 해석할 수 있다.

세계에 장벽치기

배우자를 잃은 사람들은 세상의 평판을 두려워했고 가족의 자살을 수치로 여겼기에 생활세계와 거리를 둘 수밖에 없었다. 여성들은 남편의 자살과 관계된 장소를 피하려고 했다. 반면 남성들은 아내와 추억이 있는 장소를 피하며 아내의 생전 기억과 흔적을 지우고자 했으나 그 기억은 지울 수가 없었다. 특히 자살의 경우 가족들이 마지막 순간을 목격하는 경우가 많다. 이런 경우 충격은 강하고 오래 지속되었으며 자살 장소를 피하려는 회피전략이 나타나기도 한다.

또한 자살생존 배우자들은 가족의 자살을 자기 탓으로 여기기도 했고, 한편으로는 자살을 부추기거나 원인을 제공한 사람들이 있다고 생각해서 복수를 생각하기도 했다. 여성들은 세상을 향해 분노를 퍼부었지만, 그것은 뚜렷한 실체도 대상도 없었다. 세상에 대한 분노와 함께 배우자의 자살이 자신에게 책임이 있다는 죄책감에서 벗어나기 위하여 누군가에게 책임을 전가하는 사례도 있었다. 여성들은 남편의 자살 원인을 다른 사람에게 전가하기도 했지만, 남성들은 아내의 자살 원인을 사회 탓으로 돌리기도 했다.

특히 기독교 신앙을 가진 여성들은 모태신앙을 버렸는데, 이는 남편의 자살을 막지 못했고 남편을 돌보지 못한 신에 대한 원망 때문이었다. 그들은 신은 잔인하다는 의미를 구성했으며, 배우자의 자살을 막아주지 않은 것에 대해 원망을 품었다. 세상에 대해 분노하고 자살 책임을 사회나 신에게 돌렸기에 그들은 사람들과의 관계에서 의미를 찾을 수가 없었다. 여성들은 타인과 벽을 쌓았고 사람들을 피하는 것이 일상이 되었다. 하지만 남성들은 아내를 통해서 알았던 사람들과의 관계를 끊었으며 경제활동을 위해 필요한 사회적 관계만을 유지하려고 했다. 특히 남성 배우자들은 평정함과 의연함으로 가정했기에 다른 사람들로부터 위로를 받을 수가 없었으며 세상과 소통하기가 어려웠다.

　망각을 위한 이주, 세상에 대한 분노, 관계의 장벽 쌓기는 자살생존 배우자들이 세계와 거리를 두거나, 세계에 장벽을 치고 관계를 단절한 것으로 볼 수 있다.

정답 없는 정답 찾기

　자살의 원인은 명확히 밝힐 수 없을 때도 있지만, 배우자들은 애도 과정에서 자살의 원인을 찾고자 하는 치열한 작업이 일어났다. 한 남성은 사별 초기에는 단순한 우울증으로 자살 원인을 추정했으나, 시간이 지나면서 아내가 우울증과 함께 힘든 시간을 이기지 못했기 때문에 자살한 것으로 판단했다. 또 다른 남성은 시간이 한참 지난 후에야 아내의 자살 원인의 퍼즐을 풀기 시작했다. 그런데도 이들은 배우자의 자살이라는 행위를 이해하기가 어려웠으며, 이는 남성, 여성 구분이 없었다. 따라서 자살의 원인을 알고자 하면 할수록 더욱 혼란스러웠고 시간이 흐르고 상처가 어느 정도 봉합된 후에도 자살의 원인을 확정할 수는 없었다. 자살의 원인에 대해 정답을 찾는 노력은 상실의 고통을 극복하기 위한 첫 단계라고 볼 수 있다.

이와 같은 죽음의 퍼즐 풀기, 이해할 수 없는 죽음은 자살 생존 배우자들이 자살의 원인이라는 정답 없는 정답을 찾기 위하여 노력한 것으로 볼 수 있다.

참고문헌

김경희. 2024. 자살생존 배우자의 애도경험: 질적 해석적 메타통합 (QIMS) 적용. 한국과 세계, 6(1):327-361.

Cobain, Larch 저. 이혜선 · 육성필 · 김신향 역. 2010. *말할 수 없는 고통의 치유: 자살유가족을 위한 치유 가이드.* 서울: 시그마프레스.

Fine, C. 2011. *No time to say goodbye: Surviving the suicide of a loved one.* Main Street Books.

James, R. K. and Gilliland, B. E. 2005. *Crisis Intervention Strategies(5th ed.),* Thomson Brooks/Cole Publishing Co.

Zhang, B., El-Jawahri, A., and Prigerson, H. G. 2006. Update on bereavement research: Evidence-based guidelines for the diagnosis and treatment of complicated bereavement. *Journal of palliative medicine* 9(5):1188-1203.

제6장
자살생존 배우자의 회복

자살로 동반자를 잃은 배우자들은 스스로 희망을 창조하고 떠난 자와의 화해를 통해 삶의 폐허를 복구하고 일어섰다. 삶의 폐허를 복구한 자살생존 배우자들은 다시 일상을 이어나갔다. 하지만 삶은 언제나 거친 바다를 항해하는 것처럼 위기가 닥쳤지만, 그들은 좌절하지 않고 흔들리는 삶을 이어나갔다.

존재적 차원에서 배우자의 부활

인류는 삶과 죽음이라는 의례를 통해 문화를 발전시키는 동시에 자신들의 상처와 어려움을 치유하는 방법을 스스로 찾아왔다. 이런 맥락에서 부활은 중요하다. 이는 기독교인들이 예수의 부활의례를 통해 신앙을 성숙시킨 것과 같이, 자살생존자들은 의례를 수행함으로써 떠난 자와의 화해를 모색했다. 의례 중 가장 기본적인 것은 떠나버린 배우자의 흔적을 찾는 것이다. 남성들은 자녀의 얼굴에서 아내의 흔적을 발견했고, 여성들은 과거 사진첩을 뒤척이며 남편을 만났다. 이는 단지 생전의 추억에 잠기는 것이 아니라 죽은 자와의 대화를 시도하는 것이다.

자살생존 배우자들은 자살을 막지 못했다는 죄책감뿐만 아니라 생전에 잘하지 못했다는 후회, 그리고 죽어가면서도 자신을 부탁했던 배우자에 대한 미안함 등이 나타났다. 한 남성은 생전에 해주지 못한 선물을 떠난 아내에게 전함으로써 아내에 대한 속죄를 이어갔는데, 이러한 속죄의례는 죽은 배우자와의 영적 재결합으로 이어졌다. 떠난 자와 살아남은 자는 경계가 있고 분리되었지만, 정신적으로는 오히려 친밀해졌다는 의미의 진술이 나타났다. 여성들은 꿈에서 남편을 만나기도 했고 이를 통한 정신적인 재생을 갈망했다.

이러한 배우자의 흔적 찾기, 속죄의례, 영적 재결합은 자살 생존 배우자들이 속죄의례를 수행하고 영적으로 재결합함으로써 떠난 배우자를 존재적 차원 또는 영적 차원에서 부활시킨 것으로 볼 수 있다.

떠난 배우자와 화해하기

애도의례는 배우자를 부활시키는 동시에 떠난 사람과의 화해가 필요하다. 많은 경우 자살생존자들은 배우자가 자신을 두고 떠났다는 사실에 분노했고, 때로는 원망하기 하는데 이러한 감정은 애도를 방해하기도 한다.

자살생존 배우자들은 고통받았던 배우자의 삶에 대해 슬픔을 느꼈으며 특히 떠난 자가 자살 전에 힘들었음을 이해했다. 떠난 자의 생전 고통에 대해 애달픔과 연민을 느꼈으므로 배우자의 영혼만큼은 평온하기를 원했다. 그래서 그들은 죽은 배우자가 다른 세상에서 고통 없는 휴식을 바랐으며, 배우자가 떠난 세계는 고통과 슬픔이 없는 곳으로 의미를 구성했다. 자살생존 배우자들의 의미 구성에 의하면 죽음은 이 세상 누구와도 같이 갈 수 없는 길이었다.

이러한 고통에 대한 애달픔, 영혼의 안식을 빌기, 같이 갈 수 없는 길은 자살생존 배우자들이 사별 초기 경험하는 원망과 분노, 거리감 등을 내려놓고 떠난 배우자와 화해를 모색하는 과정이라고 볼 수 있다.

삶의 폐허를 복구하고 일어서기

가족 구성원이 자살하면 남은 가족의 삶은 폐허로 변한다. 따라서 그들의 초기 애도는 삶의 폐허 속에서 진행되지만 삶의 폐허는 복구해야만 했다. 남은 배우자들은 죽은 자에게 덧씌워진 자살자라는 이미지를 걷어냈다. 생전에는 사소하게 지나쳤던 문제들을 떠올리며 적극적으로 성찰하기 시작했다. 이러한 성찰은 자기 삶에 대한 반성을 동반했는데, 그동안 이기적인 삶을 살았다는 반성이 있었으며, 인생에 대한 허무함을 느꼈지만 동시에 자신이 잘못 살았다는 인식을 하게 되었다. 이것은 허무라기보다는 좀 더 나은 존재로 성숙하기 위한 조건이라고 할 수 있다.

자기 삶을 반성하면서 자살생존 배우자들은 이제 떠나버린 아내 또는 남편의 역할을 대행했다. 이러한 것은 남성들 사이에서 두드러지게 나타났다. 남성들은 가사와 자녀 교육은 모두 여성의 몫이라고 생각했으나 이제는 아내의 빈자리를 대신해야만 했다. 특히 자녀들이 엄마의 빈자리로 인해 슬픔을 느끼지 않게 하려고 외부 일보다는 자녀 뒷바라지에 많은 시간과 노력을 투입했다. 이처럼 남은 배우자들은 자살이라는 비극적인 사건이 일어났지만, 가족은 유지되어야 하고 살아나가야 했다. 이런 이유로 배우자들은 비극 속에 흔들렸던 가족을 다시 세우려고 노력해나갔다.

여성 배우자들은 움츠러들고 슬픔에 빠진 자녀들에게 굳건한 모습을 보이려고 노력했으며, 이는 어머니가 가족의 중심이 되어가는 과정이다. 남성 배우자들은 엄마를 잃고 깊은 슬픔에 빠진 자녀들을 보호하기 위해서 고통을 버텨야만 했다. 그래서 성년이 된 두 아들과 한 방에서 같이 잠을 자는 아버지도 있었다.

남은 배우자가 가족의 중심이 되자 자녀들은 다시 가족의 희망으로 떠올랐다. 자신이 가족의 주변부에서 겉돌 때는 자녀들은 염려와 불안의 대상이었지만, 가족 안으로 들어가자 자녀들은 희망이 되었다. 이는 남성, 여성 모두의 경험이다. 자녀들은 여전히 남은 희망이었으며 새로운 삶의 의미였으며, 또한 살아가야 하는 이유 그 자체였다.

자살생존 배우자들은 부정적인 정서와 특히 무망감에 빠지기 쉽지만, 긍정적인 가치관을 다시 세우고 자신만큼은 삶을 잘 마무리하겠다는 의지와 각오를 다져갔다. 이들에게 산 사람은 어떻게든 살아야 하는 것이 의무이자 진리였다. 이것은 이기적인 것이 아니라 삶에 대한 치열함이었다. 따라서 삶에 대한 치열함은 자기 삶에 대한 책임으로 나타났다. 자신의 어려움은 자신이 감당했으며, 자신에게 주어진 삶의 무게를 짊어짐으로써 자기 삶의 담지자가 되었다.

이러한 삶의 반성과 의미부여, 배우자의 역할 대행, 가족의 중심되기, 자녀에게서 희망 찾기, 가치관의 재정립은 배우자의 자살이라는 삶의 폐허를 복구하고 새로운 삶을 기획하는 단계라고 할 수 있다.

다시 세상 속으로

삶의 폐허를 복구하자 자살생존 배우자들은 다시 일상을 이어갔다. 하지만 그 일상은 언제나 흔들리는 일상이었다. 흔들리는 일상은 비단 자살생존 배우자나 가족에게만 있는 것이 아니었다. 삶은 언제나 거친 바다를 항해하는 것처럼 위기가 닥쳐올 수밖에 없다. 단, 남겨진 배우자들은 비극을 겪었기에 흔들리는 일상 속에서도 중심을 잡았다고 할 수 있다. 삶이 흔들릴 때마다 쉬었다가 다시 가기도 했고, 위기 속에서 좌절하지 않고 삶을 이어간다는 의미를 구성했다. 따라서 삶은 위태롭고 흔들리지만, 그 속을 걸어가는 것이라고 할 수 있다.

흔들리는 일상 속에서도 남은 배우자들은 그간 스스로 차단했던 세상과의 소통의 문을 열기 시작했다. 여성의 경우 지속적인 고립으로 인해 위기의식을 느꼈지만, 이로 인해 점차 넓은 세계로 나가자고 하는 삶의 추진 의사가 나타났다. 또 다른 생존자들은 가족의 자살이란 비극을 공개하자 마음의 짐이 덜어졌다. 비극의 공개는 그들을 옥죄였던 문제에서 벗어날 기회가 되었다고 해석할 수 있다. 그뿐만 아니라 배우자의 자살을 수치로 여기고 위로와 지지를 거부했던 남성들은 아내의 죽음으로 발생한 모든 부담을 혼자 짊어지겠다는 강박관념에서 벗어났으며 도움을 청하는 용기가 생겼다.

소통의 창은 스스로 희망을 창조하는 역량으로 이어졌다고 할 수 있다. 남성, 여성 모두 희망은 타인이나 운명의 여신이 가져다준 선물이 아니라 스스로 만들어 간다는 자각을 했고, 자신이 만든 희망 속에서 미래를 발견했다. 그간의 연구에 의하면 자살생존 가족에게 가장 크고 핵심적인 문제는 '희망의 사라짐'이다. 하지만 사라진 희망을 다시 창조하려는 주체적 노력이 있었다.

모든 고통에는 뜻이 있지만, 고통 속에서 있을 때는 그 의미를 깨닫지 못한다. 기독교인 여성은 자신을 돌보지 않은 신을 원망했고 스스로 신을 버렸지만, 시간이 지난 후에는 남편이 살아있을 때 위로와 힘을 주었던 신을 다시 발견했으며 신 역시 자신과 같이 고통받고 있다고 느꼈다. 초기에는 냉정하고 잔인한 신이었지만 애도 과정을 거치면서 신은 자신 곁에서 같이 고통받고 있다는 느낌을 받게 되었다.

또한 자살은 가족은 물론 어떠한 힘으로도 막기 어려운 어쩔 수 없는 일이라고 생각했다. 인간 존재의 무력함을 깨달았고 그것은 무망감이나 불안으로 퍼졌다. 그러나 이것을 극복하자 겸손함으로 이어졌으며 다시 종교에 귀의하는 사례도 있었다. 고통 속에는 뜻이 있지만, 그 뜻을 찾기까지는 오랜 인내의 시간과 노력이 필요했다.

이와 같은 흔들리며 가는 일상, 닫았던 소통의 창 열기, 희망의 창조, 신과 화해는 자살생존 배우자들이 스스로 외면하고 거부했던 세계 속으로 다시 나아가는 현상이라고 해석된다.

참고문헌

김경희. 2024. 자살생존 배우자의 애도경험: 질적 해석적 메타통합 (QIMS)적용. *한국과 세계*, 6(1):327-361.

김란. 2020. *배우자를 자살로 잃은 중년 남성의 사별 경험*. 경희대 박사학위논문.

이근무 · 김진숙. 2010. 자살자 가족들의 경험에 대한 현상학적 사례연구. *한국사회복지학*, 62(5):109-134.

최명민, 김가득, 김도윤. 2016. 자살로 사별한 노년기 배우자의 상실경험: 농촌지역 노인을 중심으로. *정신건강과 사회복지*, 44(1):76-105.

Hoffmann, W. A. Myburgh, C. & Poggenpoel, M. 2010. The lived experiences of late-adolescent female suicide survivors: A part of me died. *Health SA Gesondheid*, 15(1), 9–1D–9D.

Levi-Belz, Y., & Gilo, T. 2020. Emotional distress among suicide survivors: The moderating role of self-forgiveness. *Frontiers in psychiatry* Vol. 11, article 341.

제7장
삶의 전부를 상실한 부모들

애도는 자신에게 닥쳤던 상실을 인지하고 이를 수용하는 포괄적인 과정으로써 특정한 사회의 문화나 관습에 따라 다른 양상을 보이지만 사별로 인한 슬픔, 그리움 같은 정서적 고통을 해소하고 고인없는 현실로 복귀하는 자기 실존 구성작업이다. 우리 문화에서 자녀는 부모의 전부이고 때로는 그 자체로서 하나의 우주이다. 따라서 자녀가 자살이란 비극적 죽음을 통해 자신을 떠난다는 것은 부모에게는 우주의 상실이라고 할 수 있다.

자녀의 자살은 우주의 상실

자살로 자녀를 잃은 부모의 상실감과 고통은 부모나 배우자의 상실로 인한 고통보다 훨씬 지속적이고 강한 것으로 보고되고 있다. 특히 부모는 보호자라는 책임감에 구속될 수밖에 없다. 자녀의 자살을 예측하고 예방할 수 있었음에도 자신이 이를 막지 못했다는 죄책감에 시달리면서 더 큰 고통을 경험하게 된다. 우리 문화에서 자녀는 부모의 전부이고 때로는 그 자체로서 하나의 우주다. 자녀가 자살이란 비극적 죽음을 통해 자신을 떠난다는 것은 부모에게는 우주의 상실이 될 수 있다. 따라서 자녀를 상실한 부모에 대한 보다 깊이 있고 지속적인 지지가 필요하다. 자살생존 부모들은 다른 가족들보다 더 큰 고통을 느끼며 평생 지고 갈 무거운 짐을 강제적으로 떠맡았다고 할 수 있다. 따라서 자녀 잃은 부모들의 애도는 그들의 짐을 덜어주는 동시에 회복의 길을 알려주는 나침판이 될 수 있을 것이다.

한쪽 날개를 잃은 부모들

모든 자살은 비극적이지만 특히 자녀의 자살은 살아남은

부모들의 삶을 총체적으로 붕괴시킨 사건이라고 할 수 있다. 자녀의 자살과 함께 세상은 멈추었으며, 자신 역시 자녀와 같이 사라졌다고 생각하였다. 동시에 부모들은 몸과 마음이 피폐해졌으며 자녀를 자살이라는 비극적 사건으로 떠나보낸 실패한 부모라는 자책감과 수치감으로 오랫동안 고통받았다.

자살생존 부모들은 위로받기보다는 자신을 은닉했고 자녀를 키우고자 하는 부성·모성 역시 박탈되었다. 자녀를 따라 죽고 싶은 생각이 생존 부모들을 괴롭혔으며, 이는 존재 부정의 수치심이라고 할 수 있다. 자녀를 떠나보낸 후 부모들은 상실감과 함께 몸과 마음이 폐허로 변했다. 자녀의 자살 이후 많은 기억은 블랙아웃처럼 끊어졌고 기억의 연속성은 사라졌다. 기억의 파편들만 남았고 그것은 연결되지 않았다. 또한 자녀의 상실은 정신적 허기로 이어졌으며 상실감으로 인해 식이장애를 겪는 부모들도 있었지만, 또 다른 부모들은 채워지지 않는 허기를 경험했다. 자신의 한쪽 날개를 잃었기에 부모들은 더는 삶의 비상을 계획할 수가 없었다.

고통으로 얼룩진 길 걷기

자살생존 부모들은 자녀의 자살로 인해 심신은 물론 영혼까지 파괴되었다. 이러한 상태에서 애도 작업은 이루어질 수 없었고 슬픔만이 부모들을 위로할 수 있었다. 부모들은 자신의 자녀가 무능력하고 못난 부모를 만나 고생만 하다 저세상으로 갔다는 애달픔을 지니고 있었다. 부모들이 경험하는 우울과 무기력은 늪처럼 경험되어 빠져나오려고 할수록 더 깊이 들어갈 수밖에 없었다.

특히 자녀의 자살을 목격한 부모들은 악몽이 재현되었고 자녀에 대한 죄책감은 꿈으로도 이어졌다. 일부 부모들은 꿈속에서 자녀의 상처받은 얼굴을 보기도 했다. 슬픔은 심리적 반응을 넘어 몸에 영향을 주기도 했으며 일부 부모는 술이 없으면 잠을 이룰 수가 없었다.

죄 없는 죄인의 삶

부모들은 자신들에게 가해지는 사회적인 낙인으로부터 보호받고 싶었지만, 편견과 비난이 강렬하여 그 속에 갇힐 수밖에 없었다. 따라서 부모들은 자신을 향한 세상의 비난을 감내해야만 했다. 자녀 잃은 부모의 애도 과정에서는 젠더 편견도 드러났는데 아버지보다는 어머니에게 더 큰 비난이 쏟아졌다.

애도 작업에서 중요한 과정이 진솔한 자기개방, 진정한 위로 그리고 사회적 지지이다. 하지만 자살생존 부모들은 친척이나 가까운 지인에게도 자녀 이야기를 할 수 없었다. 수치심으로 인해 자녀의 자살을 주위에 알리지 않았을 뿐만 아니라 가까운 사람들의 이야깃거리가 되는 것을 두려워하여 사인을 숨길 수밖에 없었다. 이처럼 부모들은 수치심으로 인해 자신을 은폐했고 진정한 위로를 받을 수 없었다. 그러므로 부모들은 자녀는 떠났지만, 영결(永訣)하지 못하고 가슴에 묻어야 했다. 또한 일부 부모들은 시간이 흐름으로써 자녀에 대한 기억이 사라지는 것이 두려워 시간을 멈추고 싶은 마음이 일어나기도 했다.

이와 같은 부모들의 감옥생활은 사회가 만든 것인지 자신이 만든 것인지는 불분명하다. 하지만 분명한 것은 위로받지 못하는 환경, 수치심과 은폐심리가 자신만의 감옥을 만들어낸 것이라고 할 수 있다. 이러한 세상의 감옥에서는 우울증이나 대인기피증이 강화되었고 아무도 찾지 않는 고립된 애도작업을 수행할 수밖에 없었다. 부모들은 자신을 끊임없이 비난하며 죄인의 자리에 서고자 하는 한편 모든 책임을 자신에게 전가하고자 했다. 부모들은 자녀의 자살을 눈치채지 못했다는 점을 한스러워했으며, 특히 불교적 세계관을 가진 부모들은 자신이 지은 전생의 죄업으로 인해 자녀가 죽었다고 생각했다.

모든 죽음에는 원인이 있기에 살아남은 사람들은 죽음의 원인을 찾아 미로를 헤맨다. 이러한 상황에서 부모들은 자식의 마음을 몰랐다는 미안함을 지닐 수밖에 없었다. 흔히들 자녀의 죽음을 참척(慘慽)의 슬픔이라고 얘기한다. 참척이란 뼈와 살이 발리는 듯한 고통을 의미한다. 더 나아가 부모들은 자살이 자녀의 선택이 아니라 자신이 잡아먹었다는 인식을 하고 있었다. 따라서 슬픔조차 밖으로 표현할 수 없었고 스스로를 죄인의 자리에 서게 했다. 자녀의 자살현장을 목격한 부모는 자신이 응급조치를 제대로 하지 못해서 자녀가 죽었다고 생각하기도 했으며 또 다른 부모는 자녀를 충분히 돌보지 못했고 이로 인해 자녀가 좌절감에 자살했다는 인식을 지니고 있었다. 그리고 많은 부모는 자신의 인생을 죄 많은 인생으로 규정했다. 자살생존 부모에게 가장 고통스러운 것은 무관심보다는 피상적 위로라고 할 수 있다. 부모들은 같이 아파하고 같이 울어 줄 사람이 필요했지만, 진정으로 울어 줄 수 있는 사람은 흔하지 않았다.

생물학적 존재로 버티기

자살생존 부모들이 경험하는 세상의 멈춤, 삶의 의미 상실은 시간에 대한 저항으로도 나타났다. 인간에게는 미래가 중요하지만, 부모들에게는 미래의 의미가 없었다. 그리고 그들은 미래를 포기했으며, 삶의 시간 또는 존재의 시간은 자녀를 상실한 시간에 멈춰 버렸다. 텅 빈 가족 공간에서 희망을 놓쳤으며 부모들에게 허락되는 것은 오로지 인내였다. 자녀가 없는 삶은 어두운 길이었지만 참을 수밖에 없었으며, 하늘은 무너지고 정신은 잃어버렸다.

자살로 자녀를 잃은 부모의 삶은 자신이 아닌 타자의 삶을 사는 것이었으며 남의 정신으로 사는 것이었다. 특히 자녀의 자살 전에 교류가 있었던 지인들과는 관계가 끊어졌고 마음을 터놓고 이야기할 수 있는 상대는 사라졌다. 이처럼 생존 부모들은 자신의 삶에서 소외됐다고 할 수 있다.

자녀를 잃은 부모들은 삶의 의미를 상실했으며 이와 동시에 삶의 재미도 상실했다. 보통 사람들은 소소한 일상 속에서 재미와 행복을 느끼며 살아가지만, 자녀가 없는 공간에서 무미건조한 생을 이어갔다.

위와 같은 주제는 자살생존 부모들이 사회적 존재 또는 영적 존재가 아닌 단지 육체적 삶을 억지로 끌고 가는 것이라고 볼 수 있다.

가족 결속의 약화

자살생존 가족들은 다양한 어려움을 경험한 후에 가족 회복력이 발현되었다. 하지만 사별 초기에는 가족 회복력은 발현되지 않았다. 자녀의 자살은 평화롭고 안정적으로 보였던 가족에게 몰아친 태풍과 같은 위기라고 볼 수 있으며, 가족들은 자살의 원인을 두고 서로를 비난하며 가시 돋친 상처를 주고받았다. 가족들은 이러한 갈등과 분열의 구조 속에서 탈출구를 찾을 수가 없었다.

자살자 가족에게는 자살의 유혹이 끈질기게 붙어 다녔으며 또한 죽음의 그림자 속에 있었다. 일부 사례에서는 온 가족이 동반 자살하고 싶은 유혹에 휩싸이기도 했다. 같이 죽었으면 하는 생각은 여전히 작동되었으며, 한 사례에서는 아들이 자살한 후 연속적인 폭음으로 아들의 뒤를 따르는 아버지가 보고되기도 했다. 특히 부모들은 자녀의 자살 뒤에서도 살아남은 형제를 걱정해야만 했다. 형이 자살한 후 동생도 자살할 수 있다는 두려움 속에서 전전긍긍하는 삶을 살아갔다.

존재 부정의 수치심, 수치심의 은폐라는 주제에 나타난 바와 같이 자살은 가족의 수치심을 유발하기에 가족들은 침묵을 공모하기도 했다. 자살자 가족에게 자살은 금기어다. 결혼하여 자녀를 출산한 딸을 잃은 부모는 어린 손자에게 엄마의 자살에 관해서는 이야기하지 않았으며, 또 다른 부모는 세월이 흐르도 자녀의 죽음을 이야기하지 않았다.

참고문헌

김가득. 2017. 청소년 자녀를 자살로 보낸 부모의 사건 이후 5~7년의 경험. *정신보건과사회사업*, 45(2):5-32.

김경희, 이근무. 2023. 자살생존자 부모의 애도과정에 관한 질적 메타분석. *정신건강과 사회복지*, 51(5):105-131.

김경희, 유지영, 임선영. 2021. 청소년기 아버지와 사별이 성장과정과 성인기 삶에 미치는 영향-van-Manen의 체험연구방법론을 중심으로. *질적탐구*, 7(4):151-184.

이현황, 윤성휘, 하정. 2021. 자살로 자녀를 잃은 부모의 애도 경험. *교정담론*, 15(1):243-286.

제8장
자살생존 부모의 애도

자살로 자녀를 잃은 부모들의 애도 여정에는 고통의 공감력이라는 새로운 현상이 발현되었고 이를 근거로 자녀의 죽음을 받아들였을 뿐만 아니라 타인의 고통을 이해하는 능력으로 발전했다. 부모들은 자조모임에 참여했고 단순한 상호지지와 위로를 넘어 고통의 보편성을 깨달으면서 애도 작업을 수행할 수 있었다. 자녀를 잃은 부모들의 애도는 비극과 고통을 승화하고 윤리적 인격으로 성장해가는 과정이라고 할 수 있다. 비록 그 길이 더디고 고통스러울지라도 실천가들은 그들의 곁에서 버티는 힘을 키워줘야 할 것이다.

초월적 영성의 발현

　종교를 가진 자살생존 부모들은 신을 원망하고 저주하는 경우도 있었지만, 고통을 겪은 후에는 절대적 타자에게 의지하는 현상이 일어난다. 부모들은 인생의 기쁨을 얻기 위하여 신을 찾았지만, 자녀를 상실한 후에는 고통 속에서 다시 신을 찾았고, 삶이 힘들고 어려울 때마다 신앙은 삶의 나침반이 되었다. 특히 자살한 자녀의 영혼은 천국에 들지 못한다는 공포심이 있었으나 결국 하나님은 모든 영혼을 품어준다는 인식을 하게 되었다. 자신의 자녀는 천국에서 하나님과 함께한다는 믿음을 지녔으며 이는 위기 극복의 힘이 되었다. 특히 자살은 죄라는 인식이 강했던 부모들은 죄를 용서한다는 내용의 찬송가를 부름으로써 신과의 화해를 모색했다. 절대적 타자에게 의지, 신과의 화해는 기독교 신앙을 지닌 부모들의 경험이라고 할 수 있다. 영성은 종교성을 넘어 죽음의 보편성에 대한 자각이라고 할 수 있다.

　자살생존 부모들은 '왜 나에게?'라는 인식을 지니고 있었으나 자신이 겪은 고통은 보편적인 고통이라는 것을 이해한 후에는 타인을 배려하는 마음이 생겼고 진정으로 울어줄 수 있는 능력이 생겼다. 의미 없는 일상 견디기라는 주제에도 나타났듯이 부모들은 살아있지만 죽은 날들이었다. 하지만 고통을 공유하면서 이를 자신의 운명으로 받아들였다. 이는 패배론적이고 숙명론적인 운명관이 아니라 자신의 삶을 받아들이는 수용적 운명관이라고 할 수 있다. 평생 자녀의 죽음을 끌어안고 사는 게 어렵다는 것을 실감했지만 자녀의 자살 역시 삶의 일부로 받아들였다.

위와 같은 절대적 타자에게 의지, 신과 화해, 고통의 공유라는 주제들은 자살생존 부모들이 신앙심과 영성을 발현했으며 이는 자신과 가족 그리고 고통을 뛰어넘을 수 있는 초월적인 차원에서 발현된 것이라고 볼 수 있다.

자기 치유

초월적 영성의 발현이라는 주제 중 절대적 타자에게 의지는 종교를 가진 생존자 부모들이 신과 화해하는 내용이었다. 이러한 신과 화해는 세상과의 화해로 이어졌다. 자살생존 부모들은 고통과 불안 속에서 자신이 만든 감옥에 자신을 유폐했으나 결국 세상으로 복귀했으며 자살의 책임을 남편에게 돌리던 아내는 남편을 이해하는 현상이 나타났다. 삶의 십자가라는 인식은 자신의 현재뿐만 아니라 삶을 받아들일 수 있는 겸허한 능력으로 나타났다. 자살생존 부모들은 자신만 고통을 겪고 있다고 생각했으나 누구에게나 자기 몫의 어려움이 있음을 알게 되었다. 특히 자살한 자녀는 고통 없는 하늘나라로 갔다고 생각했으며, 이러한 점을 인식한 후에는 자기 삶에 대한 긍정적 평가가 시작되었다.

슬픔의 승화, 이타심

애도의 완성 또는 슬픔의 승화는 다양한 현상으로 나타나지만, 자살생존 부모들에게는 이타심으로 나타났다. 꽃다운 나이에 떠나간 자녀가 애달팠지만, 이러한 자녀에 대한 마음은 자녀와 비슷한 젊은이들을 돕는 행동으로 바꿨고 특히 뇌사 상태에 빠진 자녀의 장기를 기증하여 일곱 사람의 생명을 살린 사례도 있었다. 자녀의 자살은 큰 비극이고 슬픔이지만 이러한 비극을 겪었기에 고통받는 사람들을 이해할 수 있는 능력이 생겼고 이는 도움의 제공이라는 적극적인 실천으로 이어졌다. 자녀 또래의 학생들에게 꾸준히 장학 헌금을 하기도 했으며 자녀를 기억하는 사람들에게 애정을 보이기도 했다. 이타심은 겸손한 마음으로도 나타나 종교가 있는 부모는 교회 화장실 청소를 자청하기도 했다. 인도의 '성자가 된 청소부'에 나오는 메시지처럼 사람들은 물질적인 더러움을 청소하면서 영혼의 정화를 경험하기도 한다. 이런 차원에서 부모들의 화장실 청소를 이해할 수 있다.

자살생존자의 자조모임은 고통의 공유이며 동시에 상호소통적 지지의 장이 되었다. 부모들이 자조모임에 참석하는 것은 스스로 상처를 치유하는 과정이었으며, 동시에 혼자가 아니라는 생각을 하게 되었다. 사별 초기에는 자녀의 죽음을 은폐했고 관계의 담을 쌓았지만, 초월적 영성을 발현하고 자기를 치유하고자 하는 과정에서는 자신의 고통을 이해할 수 있는 사람에게 자신의 슬픔을 이야기할 수 있게 되었다.

현실 직면 후 가족의 재건

가족들은 한때 서로를 비난하며 분열되었으나 이러한 갈등이 오히려 고통을 가중한다는 인식을 한 후 현실을 직면했고, 가족들은 서로를 염려하고 지지하는 관계로 바꿨다. 아들을 잃은 부모의 경우 아들은 떠났지만 남은 자녀와 손자들의 힘으로 살아가고 있었다. 끊임없는 망각작업을 했지만, 부모들이 경험한 망각은 일시적 회피에 불과했다. 현실을 직시함으로써 슬픔을 외면하지 않았고, 자기 삶의 일부로 안고 가는 마음이 생겨나기도 했다. 특히 산 사람은 살아야 한다는 냉정한 현실을 받아들였다. 자녀의 죽음은 부모에게 우주의 상실이지만 현실을 살아내야만 했다. 하지만 현실을 직시하자 자신과 가족의 삶을 재구조화할 필요가 있었다.

자살로 자녀를 잃은 부모들이 현실을 직시하자 남은 가족들이 비로소 눈에 들어왔다. 자녀의 뒤를 이어 따라 죽고 싶었고 술과 담배로 일상을 보냈지만, 부모는 가족의 중심이기에 책임감으로 다시 일어서야만 했다. 남겨진 자녀에 대한 책임감 역시 중요했다. 주변 사람들은 남은 가족과 자신만 생각하며 살라는 조언과 지지를 했다. 죽은 자녀를 대신하여 자녀의 몫까지 살아가고자 했고, 이런 상황에서 또 다른 자녀들은 책임감의 대상이자 삶의 이유가 되었다. 특히 기혼인 자녀가 손자를 남기고 세상을 떠난 경우, 남겨진 손자를 보살펴야만 했고, 이를 위해서는 건강하게 살아야 한다는 각오를 새롭게 다졌다. 그리고 엄마를 잃은 손자에게 애정을 쏟았다.

이와 같은 내용은 자녀 잃은 부모들이 피폐해진 가족을 재건하는 것이라고 할 수 있다. 그리고 그 작업은 자연스럽게 이루어진 것이 아니라 현실을 직면하고 통찰한 후에 이루어진 것이다.

떠나간 자녀와 재회 그리고 화해

가족의 재건 후에 부모들은 비로소 더욱 편안한 마음에서 자녀와 재회할 수 있었다. 자기 치유와 가족의 재건이 있기 전, 자녀와의 재회는 고통스러운 재회였지만 치유 과정을 거친 후에는 편안한 재회가 이루어졌다. 밤에 꾸는 꿈은 이제 더 이상 악몽이 아니라 자녀를 만나는 기회였다. 초기에는 아버지를 원망하는 자녀의 소리를 듣기도 했지만, 행복하게 살라는 아들의 목소리를 들을 수 있었고 떠난 자녀는 바람과 새가 되어 다시 부모 곁으로 돌아왔다. 세월호 참사로 자녀를 잃은 어머니의 고통을 다룬 영화 〈생일〉의 내용처럼 자녀와 화해하고 자녀의 죽음을 받아들인 후에는 자녀의 생일을 챙길 수 있었다. 사별한 자녀와의 추억을 떠올리고 삶의 궤적을 좇을 수 있었고, 한 어머니는 딸이 떠난 자리를 잊지 않기 위해 이사를 하지 않았다. 자살은 때로는 가혹한 사회적 평가가 뒤따르지만 부모들은 이를 자녀의 선택으로 이해했다. '얼마나 힘들었으면 자살을 했을까'라는 애통함에서 그의 선택을 존중했고 이해하게 되었다.

자살생존 부모들은 종교를 떠나 자녀가 좋은 곳으로 가기를 끊임없이 기도했다. 특히 기독교 배경의 부모들은 자살을 죄악으로 생각했기에 끊임없이 자녀의 죄는 자신에게 넘기고, 하늘에서 행복하게 살게 해달라는 기도를 이어갔다. 자녀를 위한 마지막 과업은 자녀를 추억하고 잊지 않았음을 전달하는 것과 영혼을 편안하게 해주는 기도를 하는 것이다.

이와 같은 내용은 자살생존 부모들이 자신의 곁을 떠나간 자녀와 재회하는 동시에 화해를 한 경험이라고 할 수 있다.

참고문헌

김경희, 이근무. 2023. 자살생존자 부모의 애도과정에 관한 질적 메타분석. *정신건강과 사회복지*, 51(5):105-131.

김지선, 노희경, 오나언, 천영서, 유승현. 2022. 자살유족의 자조모임 참여경험 탐색: 서울시자살예방센터 자작나무 마음이음1080 캠프 고인별 자조모임 사례. *대한보건연구*, 48(3):39-53.

윤성근 외. 2020. 자살 유가족의 애도 경험에 대한 질적 메타요약. *한국심리학회지: 일반*, 39(4):571-597.

제9장
자살생존자의 회복 전략

자살생존자의 개입에 있어 이제는 비탄과 고통의 관점에서 벗어나 성장과 치유의 관점으로 접근해야 할 것이다. 자살생존자의 복합비애 극복 그리고 외상 후 성장은 시간의 선물이 아니라 고통을 이긴 개인이 만든 것이다. 이는 치유에서 중요한 요소가 자기 실존작업이라는 점이다. 이와 더불어 낙인의 극복, 전이성 자살의 예방, 자기 정화 의례, 자조모임을 통한 고통의 보편성에 대한 자각 등이 중요한 회복 전략이라고 할 수 있다.

낙인의 극복

가족의 자살 후 생존자들이 장기간 경험하는 것은 사회적인 낙인과 수치심이다. 이들이 느끼는 수치심은 자신의 내면에서 형성된 것이라기보다는 공공의 낙인(Public Stigma)을 비판 없이 그대로 내재화했기 때문이다. '가족의 자살'이라는 사회적 비난과 낙인은 자살생존자들을 침묵과 고립된 삶으로 내몰기도 한다. 특히 낙인에 대한 접근이 필요하다. 낙인에는 외부인들이 부여하는 공공의 낙인과 자기 스스로 외부의 낙인을 내면화하는 자기 낙인(Self-Stigma)이 있다. 공공의 낙인보다 자기 낙인이 더욱 위험하다.

이와 같은 자기 낙인은 타인들에 의해서 형성된 왜곡된 인식을 스스로에게 고착시킬 수 있다. 자살생존자의 회복을 위해서는 자살생존자에 대한 반(反)낙인 전략을 구성할 필요가 있다. 낙인 극복에 있어 지금까지 알려진 유일한 모델은 상황적 모델(Situational Model)이다. 상황적 모델에서는 집단 동일시와 정당성 인식을 중시한다. 집단 동일시는 낙인을 부여받은 개인들이 서로 연대와 결속을 통해 공동의 정체성을 형성하는 것을 말하며, 정당성 인식이란 자신에게 가해진 낙인이 정의에 합치되지 않는다는 것을 스스로 자각하는 것이다. 이에 자살생존자들은 자조모임을 결성하고 지속적인 개입과 지지를 통해 그들이 새로운 집단 정체성을 형성하고 자신에게 부여된 낙인을 스스로 정정당당하게 거부할 수 있는 방안을 마련할 필요가 있을 것이다.

그리고 자살생존자의 회복을 위한 긍정적 전략 중 하나가 떠난 자와의 화해의례라고 할 수 있다. 자살생존자들은 고인이 자신을 버리고 떠났다는 분노와 자살자 가족이라는 수치심 등으로 두려워하며 다양한 부정적 증상을 겪는다. 이러한 증오와 낙인 감정을 해소하고 새로운 삶의 의미를 구성하기 위해서는 화해의례가 중요하다. 떠난 자에게 보내는 편지 쓰기, 자조 모임 등을 통한 생전에 긍정적인 회고담 나누기, 가족 생애사 쓰기와 같은 프로그램이 적절할 것이다.

전이성 자살의 예방

전이성 자살이란 자살생존자 가족에서 발생하는 독특한 현상으로 자살한 가족을 따라 죽으려는 심리 상태를 의미한다. 이와 같은 자살 행동이나 시도는 자신을 파괴하고 가족을 와해시킬 위험이 크다. 자살생존 가족들은 고인을 따라 죽으려는 충동이 나타나며, 다른 가족들은 또다른 자살을 막기 위해 노력해야 한다.

이러한 전이성 자살은 높은 수준의 복합비애와 외상 후 스트레스와 관련이 있다. 자살생존자들의 심리적 안정에 기여하고, 전이성 자살을 예방할 수 있는 방법을 모색할 필요가 있다. 자살연구자들은 외상 후 스트레스장애를 극복하고 비극적 삶에서 벗어나기 위해서는 '자기 용서'가 필요하다고 한다. 자기 용서와 함께 외상 후 성장으로 나아가기 위해서는 자기개방, 인지된 사회적 지지와 같은 적응적 대처전략이 필요하다. 이런 것들을 통해 자살생존자들은 잃어버렸던 소속감을 회복하고 자신의 삶을 새롭게 만들 수 있을 것이다.

또한 자살생존자 개입에서는 전이성 자살에 주목하고 사례관리와 같은 기법을 통하여 개인뿐만 아니라 가족 단위로 관리하는 시스템 구축이 필요하다. 특히 이러한 프로그램에는 가족 탄력성을 발현시킬 수 있는 전문가들의 적극적 개입이 중요하다.

사례관리는 사회적 자원을 결집하고 동원하는 기술인 동시에 개인들의 특성에 맞는 개별접근 방법을 구성하여 개인들이 스스로 임파워링하고 자기 회복력을 강화할 수 있는 방법이다. 자살생존자의 경우 사회적 지지가 필요하지만, 다양한 원인으로 인해 생존자들은 사회적 지지를 거부한다. 또한 치유 역시 사기 지유가 이뤄진 다음에 상담이나 위로와 같은 사회적 지지를 수용한다. 따라서 이들의 방황 시간을 줄여주고 치유 의례와 치유 작업을 수행하기 위해서는 이에 적합한 유연하면서도 구체적인 자살생존자를 위한 사례관리모델이 필요하다.

자살생존자 사례관리모델은 전이성 자살을 예방하고 긍정적인 심리자본을 구축하는 동시에 자기 치유 능력을 강화하는 방법으로 구조화될 필요가 있다. 자살생존자들은 자녀, 부모, 배우자를 막론하고 자신을 은폐하려는 경향이 강하기 때문에 사회적 지지나 개입을 거부하는 사례도 많다. 이러한 특성을 고려하여 직접적인 교육이나 지시적 방법이 아니라 그들이 가진 자기 치유 능력을 강화하는 기본방향을 유지할 필요가 있을 것이다.

자기 정화 의례

자살생존자들에게는 정신과 전문의, 상담전문가, 사회복지사, 종교인 등의 적극적인 지지나 개입이 많지 않았다. 이는 자살생존자들이 가족의 자살을 드러내지 않았기 때문이기도 하지만, 생존자들이 스스로 상실을 치유해 나갔기 때문이라고 할 수 있다. 치유는 의례(儀禮)가 필요하다. 의례란 형식 또는 무형식의 몸짓이나 언어 등 인간의 모든 일상의 실천을 통해 자기의 정체성을 재구성하는 것이다. 그리고 의례는 반복적인 행위를 통해 스스로 가치를 창조한다. 이런 의례는 구체적 행위와 연결되어 있다. 가족에 대한 기도, 경계를 초월한 대화 등의 의례는 자살생존자들이 스스로 치유할 힘을 배양할 수 있다.

자살생존자의 회복에서는 가족차원의 의례 또는 사회적 의례보다는 자기 의례가 중요하게 나타났다. 죽음과 상실은 철저한 각자성의 문제이기 때문이다. 따라서 자신들만의 입장에서 구성한 의례가 치유에 도움이 된다고 할 수 있다. 자살생존자의 특성과 성향, 자살한 가족과의 관계 등을 고려하여 그들이 구성하고 실천할 수 있는 의례 구성에 지지적 도움을 줄 필요가 있을 것이다. 따라서 애도 상담이나 교육에 있어서도 개인의 특성, 사회경제적 지위, 평소 문화적 관념 등을 고려하여 개인의 개별적인 애도의례를 구성할 수 있는 방법을 지원할 필요가 있을 것이다.

고통의 공감력

자살생존자의 회복이란 가족의 자살이라는 비극적 사건을 승화시켜 보다 성숙한 존재로 나아갈 힘을 배양하는 것이다.

이러한 과정에서 자살생존자들은 '고통의 공감력'이라는 새로운 현상이 발현되었고 이를 근거로 가족의 자살을 받아들였을 뿐만 아니라 타인의 고통을 이해하는 능력으로 발전되었다.

하지만 이와 같은 고통의 공감력은 상담이나 지지 그리고 교육을 통해 생성되는 것은 아니다. 자살생존자들은 주위의 도움 없이 고통의 시간을 통과했기 때문에 생성된 것이라고 볼 수 있다. 따라서 자살생존자에게는 성급한 위로나 지지가 오히려 독이 될 수도 있다. 이들이 시간을 이겨낼 힘을 키워주는 접근이 중요하다.

연구자들은 인문학적 치유와 접근을 제안한다. 인문학은 자살이라는 무거운 주제를 중심에 두지 않고 사람들의 삶이라는 일상적인 주제를 통해 자연스럽게 자신을 성찰할 기회를 제공한다. 인문학 치유프로그램의 구성을 위해서는 죽음의 주제뿐 아니라 고통의 승화, 세상과 화해 그리고 타인의 수용을 주제로 한 다양한 문학, 영화, 예술작품 등을 감상하고 토론하는 시간을 갖는 것이 필요하다고 본다. 인문학적 성찰은 당면한 문제보다는 그 문제 이면에 있는 본질을 보고자 하는 경향이 있으며, 이러한 본질을 파고 들어가는 과정에서 자기 자신에 대한 신념이나 잠재력이 발현된다. 지역사회 정신건강센터와 같은 전문기관에서도 인문학적 프로그램을 구성하고 이를 실시할 필요가 있을 것이다.

고통의 보편성

자살생존자들은 자조모임에서 상호지지와 위로를 받았으며, 더 나아가 '고통의 보편성'을 깨달으면서 애도 작업을 수행할 수 있었다. 자살생존자들이 자조모임에 참석을 원하는 정확한 시점을 예측하기는 어렵다. 특히 부모들이 자조모임에 참여하기까지는 꽤 오랜 시간이 걸렸다. 그러므로 그들이 고통의 극복이 시간을 이겨낸 결과인지, 아니면 자조모임 참여로 인한 것인지도 불분명하다. 하지만 자조모임이 구심점이 됐음도 부인하기 어렵다. 또한 자조모임을 결성하고 이를 유지하기 위해서는 당사자에 의해 주도되는 것이 바람직하다. 알코올 중독자의 자조모임(AA), 마약 중독자의 자조모임(NA), 도박 중독자의 자조모임(GA) 등은 전문가의 주도로 이루어지는 것이 아니라 당사자들이 주체적으로 운영하고 모든 의사결정권을 보유하고 있다. 이와 같은 당사자 주도의 자조모임의 원리를 자살생존자 자조모임에 응용할 필요가 있을 것이다. 중독이나 자살 문제는 경험하지 않은 사람들은 이해하기 힘든 영역이기 때문이다. 또한 사회적 낙인을 의식하여 자신을 적극적으로 개방하지도 않는다. 따라서 외부 전문가들의 개입이 불편한 경우도 있을 것이다. 현재의 자조모임의 운영 형태에서 당사자 중심의 운영 원리를 도입해 보는 것도 고려할 필요가 있을 것이다.

성장과 치유의 관점

자살생존자의 접근에 있어 비탄과 고통에 대한 관점에서 벗어나 이제는 성장과 치유의 관점으로 접근해야 할 것이다. 자살생존자들의 복합비애 극복, 그리고 외상 후 성장은 시간의 선물이 아니라 고통을 이긴 개인이 만든 것이라고 할 수 있다. 특히 연구 결과에 의하면 사회복지사, 상담심리사, 종교인의 지지는 미약한 것으로 나타났다. 이것은 치유에서 중요한 요소가 자기 실존작업이라는 것이다. 그리고 이러한 과업에는 자살한 가족과의 화해가 중요한 주제로 부각되었다. 따라서 자살생존자들을 위한 접근에서는 자살한 가족과의 화해를 촉진할 수 있는 프로그램이 필요하다. 이러한 프로그램은 초기 개입이 아닌 어느 정도 시간이 흐른 다음에 접근해야 할 것이다. 구체적으로는 자살한 가족과 서신 교환하기, 자서전 쓰기, 추억 노트 만들기, 가족을 위한 기도와 같은 프로그램을 구성한 필요가 있을 것이다.

참고문헌

김경희. 2021. 청소년기에 자살 사고로 상실을 경험한 중년남성의 삶에 대한 내러티브 탐구. *상담심리교육복지*, 8(4):45-60.

박혜선, 이종익. 2016. 자살자 유가족의 자조모임 참여경험에 관한 연구. *한국가족복지학*, 52:277-311.

엄찬호. 2010. 인문학의 치유적 의미에 대하여. *인문과학연구*, 25: 421-441.

제10장
상실 – 애도의 구조

상실의 극복과 애도는 일회성 사건이 아니라 삶의 과정에서 지속적으로 나타나고 은폐되는 구조라고 할 수 있다. 애도는 자신의 정체성을 재구성하는 과정에서 이루어진다. 리쾨르는 서사적 정체성의 개념을 제시했다. 그에 의하면 한 개인을 이해하기 위해서는 그의 삶의 이야기를 이해해야 하며, 개인은 자신의 이야기를 표현하고 드러냄으로써 자신의 정체성을 재구성할 수 있다. 결국 애도는 전 생애를 걸친 과정인 동시에 자기 스스로 삶의 응어리를 풀어내는 과정이다.

상실과 애도

이 글에서 '상실(喪失)'은 죽음으로 인한 중요한 관계의 상실인 사별(死別)을 뜻한다. 사별은 이전의 상태로 돌아갈 수 없기에 영구히 변화된 상황을 직면해야 하며, 정서적 고통을 유발하는데, 이 과정에서 경험하는 상실에 대한 정서적 반응들로 복합적인 심리적 경험을 애도(哀悼)라고 할 수 있다. 즉 애도는 사랑하는 사람의 죽음에 대한 심리적 반응이다. 살아가면서 관계를 맺었던 의미 있는 대상과의 사별로 인해 나타나는 슬픔에 대처해나가는 과정이며 동시에 슬픔을 극복하려는 의지이자 새로운 삶을 찾아가는 과정이라고 할 수 있다. 상실과 애도 사이에 있는 연결선(‐)은 애도는 반드시 상실이 전제되어야 하고, 동시에 상실 이후 애도까지 나아가야 한다는 의미를 담고 있다.

상실 ‐ 애도의 구조

상실 ‐ 애도의 기본구조는 상실의 감정을 다루는 '정서'의 측면, 고인과의 관계를 다루는 '관계'의 측면, 상실로 무너져버린 '정체성'을 복원하는 측면을 포함하며, 애도의 마무리는

자기치유를 거쳐 자신의 삶으로 복귀하는 과정으로 압축된
다. 결국 애도는 '감정의 존중과 표현', '고인과의 관계 재구
성', 그리고 '새로운 정체성의 발견'으로 나아가는 과정이라고
할 수 있다. 세 개의 축이 모두 작동되어 자기치유를 거쳐 자
신의 삶을 살아가는 과정으로 나아갔을 때, 애도가 마무리된
다고 할 수 있다. 애도는 각자의 방식으로 진행된다고 하더라
도, 애도의 목표는 정서의 축, 관계의 축, 정체성의 축을 중심
으로 작동되며, 결국 자신의 삶으로 회귀하는 방향성을 가지
고 있다. 이러한 구조의 발견은 상실 – 애도서사를 이해하는
바탕이 되며, 상실 – 애도 프로그램 구성을 위한 기본 자료가
될 수 있을 것이다. 다음은 상실 – 애도의 구조도이다.

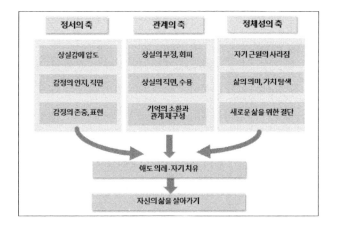

정서의 축

 '정서의 축'은 상실 후에 경험하게 되는 상실감과 이로 인한 스트레스와 신체화 증상 등과 관련된 축이다. 이것은 상실의 반응으로 유발되는 두려움, 공포, 불안, 비통함, 슬픔, 고립감, 자기 비난, 죄책감, 분노, 수치심, 그리움 등을 이해하고 존중하며 이를 적절하게 표현하고 해소하는 과정을 포함한다. 준비되지 않은 죽음이나 외상성 죽음일수록 상실로 인한 충격이 크며, 이로 인한 감정은 격렬해질 수 있다. 그리고 고인과의 관계가 친밀하거나 유대관계가 깊을수록 상실감이 크며, 정서적 반응과 갈망이 커질 수 있다. 이러한 감정들을 조절하지 못하면 높은 수준의 스트레스와 다른 손상으로 이어질 수 있다. 그리고 이러한 슬픔은 개인의 중요한 삶의 영역이나 대인관계, 일상생활의 어려움을 초래할 수 있다.

 그러므로 상실 – 애도 과정에서 상실 관련 '정서'를 인지하고 직면하며, 이를 존중하고 표현하는 것이 중요한 과제가 된다. 자신이 경험하는 감정이 자연스럽고 정상적인 반응이라는 점을 인정해야 하며, 또한 감정을 안전한 방식으로 표현하고 해소할 필요가 있다. '정서의 축'에서는 사별 초기에 '상실감에 압도'되는 시기가 있으며 차츰 '감정의 인지와 직면'으로 나아가며, 결국 '감정을 존중하고 표현' 하는 단계에 이르게 된다.

　상실은 인간 공통의 경험으로 보편성을 띠며 동시에 관계성 안에서 규정되는 각자성을 특징으로 한다. 그러므로 상실 후에 경험하는 감정 역시 보편성과 각자성 안에서 이해되고 수용되어야 할 것이다. 상실 후 경험하는 감정의 인지와 수용, 그리고 존중은 상실을 극복하고 회복의 방향으로 나아갈 수 있는 첫 번째 관문이라고 할 수 있다.

관계의 축

　'관계의 축'은 상실을 부정하거나 회피하지 않고, 상실을 직면하고 수용하는 과정을 통해 고인에 관한 기억을 소환하고 고인과의 관계를 재구성하는 과정이다. 관계의 축에서 '관계'는 산 자가 새롭게 설정하는 죽은 자와의 관계이다. 죽은 자와의 관계를 재설정하기 위해서는 상실을 인정하는 단계가 선행되어야 한다. 그 후에 '고인은 어떤 삶을 살았는지?', '고인은 어떤 사람이었는지?', '고인과 어떤 추억을 공유하고 있는지?', '고인에 대해 어떤 것을 기억하고 싶은지?'에 대한 질문과 이에 대한 답을 얻을 수 있을 것이다. 이러한 과정은 죽은 자에 대한 기억의 소환을 통해 고인의 삶을 복원하고 고인과의 관계를 재구성하는 단계라고 할 수 있다.

프로이트는 애도 작업을 통해 고인에 대한 애착을 철회하고 새로운 애착 대상과의 유대감을 형성해야 한다는 이론을 세웠다. 하지만 현대 애도 상담이론에서는 고인에 대한 애착은 철회되지 않는다는 지속적 유대감이론을 주장한다.

Klass 등은 사별을 경험한 자녀와 배우자의 연구에 주목하면서 고인과 지속되는 연결을 유지하려는 사별 경험자들의 사례를 발표했다. 사별자들의 애도 과정에서 공통으로 고인의 내적 표상(internal representation), 즉 살아생전 고인의 정신적 유산이나 삶의 태도, 성격 등을 정신적으로 재현하고, 그것을 적극적으로 재구성하여 자신의 삶으로 이전하려는 현상을 발견했다. 이를 통해 고인과 심리적으로 연결되는 상태를 지속하려는 현상을 지속적 유대감(continuing bonds)이라고 하였다. 고인과의 유대관계는 그 사람을 표현하는 것과 내적으로 지속적인 유대를 유지하는 것을 의미한다. 이러한 유대감은 정적이지 않고 역동적이며, 이러한 유대감 형성이 애도와 삶의 건강성을 확보하는 중요한 지점이 된다고 할 수 있다.

정체성의 축

'정체성의 축'은 상실로 자기 근원의 사라짐을 경험하지만, 상실과 삶을 통합하고 삶의 의미와 가치를 새롭게 탐색하며 새로운 자기 삶을 결단하고 수행하는 과정이다. 애도란 결국 고인 없는 삶을 수용하고 자신의 삶을 탐색하고 결단하는 과정이다. 이 과정에서 죽음과 고통의 보편성을 자각하게 되고 고통에 대한 공감력이 향상되고 성장을 경험하게 된다. 우리는 사랑하는 사람을 상실할 때마다 우리의 일부가 무너져내린다. 왜냐하면, 우리는 삶에서 중요한 사람들을 통해 우리들의 정체성을 형성하는 사회적 존재이기 때문이다.

그러므로 상실을 경험하고 나면 '예전의 자기(自己)'로 돌아갈 수는 없지만, 노력한다면 새로운 역할에 적합한 정체성을 구축하면서 상실한 대상과의 연대감을 확립할 수 있다. 즉 죽음과 상실은 내가 누구인지를 정의하는 중요한 연결의 가닥이 끊어지게 되는데, 정체성의 축에서는 그 연결의 가닥을 이어나가는 것이다.

참고문헌

김경희, 김혜미. 2024. 공간이동과 회귀구조로 본 소설 『호랑이의
　　　눈』의 상실-애도 서사. 문학치료연구, 70:147-190.

김혜미. 2019. 구비설화를 활용한 자살예방 문학치료 프로그램 사
　　　례 연구. 문학치료연구, 50:7-56.

육성필, 조윤정 공역. 2023. 애도와 상실. 박영story.

Klass, D., Silverman, P. R., & Nickman,. S. L.1996. Continuing bonds:
　　　New understandings of grief. Washington, DC: Taylor &
　　　Francis.

Ricoeur, P. 2005. The Course of recognition (Vol. 2). Institute for
　　　Human Sciences Vienna Lecture Series.

지은이 소개

김경희

한림대학교에서 생사학(生死學)으로 박사학위를 받고, 현재 한림대학교 인문대학 생사학연구소 인문사회학술연구교수로 활동하고 있다. 2019년부터 지역사회 생명지킴이 활동 사례, 현역 군인의 자살 생각 극복 경험, 청소년의 자살 인식 개선, 자살생존자의 회복과 지원을 위한 실천모델에 관한 다수의 연구를 수행하였다. 또한 자살예방과 자살생존자에 관한 연구 결과를 사회적으로 확산하기 위해 노력하고 있다. 2021년부터 교육부와 한국연구재단의 지원을 받아 「자살생존자 가족의 회복을 위한 실천모델 및 프로그램 개발」 연구를 수행 중이다. 현재는 자살생존자의 회복을 위한 치유프로그램을 개발하고 현장에 적용 중이며 이러한 자살 연구와 사회 활동 관련 공로를 인정받아 2024년 '제6회 국회자살예방대상' 교육부 장관상을 수상했다. 주요 관심 분야는 자살예방, 자살생존자의 회복과 치유, 질적 연구, 문학치료 등이다.

김혜미

한림대학교 생사학HK+연구단HK연구교수로 재직 중이다. 건국대학교에서 고전문학과 문학치료를 전공하였고, 한국문학치료학회의 문학심리분석상담 전문가이다. 자살시도자, 가정 폭력 피해자들을 문학과 함께 만나며 문학치료를 진행하며 인문학의 효용성을 몸소 실천하는 중이다. 주로 구비설화의 현대적 가치를 탐구하는 문헌연구, 이를 기반으로 문학치료에 적용하는 실천 연구, 두 축을 기둥으로 '생사학 연구'에 매진하고 있다. 최근 관련 주요 문헌연구로는 「구비설화 〈불공으로 얻은 꽃〉의 '밥'과 '꽃' 화소를 통해 본 생명 구원과 신성 확보의 의미 -밥으로 구현되는 민담 속 생명 발현의 특수성-」(2021), 「금척(金尺)' 화소를 통해 본 금척설화(金尺說話)의 신화적 성격 -금척으로 표상된 생명성과 치병의 원리-」(2022), 「절망의 개념을 통해 본 〈장자못 전설〉 속 '돌이 된 며느리'의 존재적 의미」(2023) 등이 있고, 실행 연구로는 「구비설화를 활용한 20대 여성 자살시도자의 문학치료 상담 사례 연구」(2022), 「경도 지적장애 아동의 자기표현 증진 및 교우관계 개선을 위한 문학치료 프로그램 설계 연구」(2024) 등이 있다.